日本文化キャラクター図鑑

妖怪

異界からのことづて！

倉本　昭／原案
村中李衣／文
日本大学芸術学部デザイン学科／絵

玉川大学出版部

妖怪
異界からのことづて！

ようこそ「妖怪《ようかい》」の世界《せかい》へ　5

1章《しょう》　ヌル&《アンド》ニョロ系《けい》　6

垢《あか》なめ　8
人魚《にんぎょ》　10
泥田坊《どろたぼう》　12
逆《さか》さ首《くび》　14
河童《かっぱ》　16
竜《りゅう》　18
ヤマタノオロチ　20
大《おお》むかで　22
アヤカシ　24
清姫《きよひめ》　26

2章《しょう》　ユラ&《アンド》プヨ系《けい》　28

ろくろ首《くび》　30
紙舞《かみまい》　32
宗源火《そうげんび》　34
人魂《ひとだま》　36
いったんもめん　38
のっぺらぼう　40
海坊主《うみぼうず》　42
大《おお》ガマ　44
たぬき　46
のづち　48

3章 ドデカ&ちっちゃ系 50

- ダイダラボッチ 52
- 見越入道 54
- 赤えい 56
- 土ぐも 58
- 目くらべ 60
- コロボックル 62
- お菊虫 64
- 硯の魂 66
- ざしきわらし 68
- 一つ目小僧 70

4章 トンガリ&カクバリ系 72

- 天狗 74
- かまいたち 76
- 鬼 78
- からかさ小僧（からかさお化け）80
- 髪切り 82
- つくも神 84
- ぬりかべ 86
- 目目連 88
- 殺生石 90
- 笈の化け物 92

キャラクターランド 94

※各章の扉ページには、それぞれの章に登場するキャラクターから4つを選んで名前をあてる「シルエットクイズ」があります。「キャラクターランド」は、その答えページ。キャラクターたちがひとことずつコメントしています。

ようこそ「妖怪《ようかい》」の世界《せかい》へ

「妖怪《ようかい》」ということばはもともと中国《ちゅうごく》から来《き》たものですが、古代日本《こだいにほん》では理屈《りくつ》で説明《せつめい》できない不思議《ふしぎ》な出来事《できごと》をさして「妖怪《ようかい》」といっていました。また、「鬼」の文字《もじ》を「モノ」と読《よ》み、ふつうの知恵《ちえ》ではとらえきれない存在《そんざい》のことを表現《ひょうげん》したりもしました。さらに、モノ自体《じたい》や、モノが悪《わる》さをすることを「モノノケ」「モッケ」と呼《よ》び、彼《かれ》らが仏教《ぶっきょう》に敵対《てきたい》したときには「魔《ま》」と呼《よ》びました。

こうした目《め》に見《み》えない不思議《ふしぎ》なキャラは、江戸時代《えどじだい》に一気《いっき》に増《ふ》え、呼《よ》び名《な》も「お化《ば》け」「化《ば》け物《もの》」「変化《へんげ》」と、じつに多様《たよう》になります。これらのものをぜ～んぶひっくるめて「妖怪《ようかい》」と呼《よ》ぶことが日本《にほん》で定着《ていちゃく》したのは、じつは明治時代以降《めいじじだいいこう》のことなのですよ。

さあ、ではこれから、こわいキャラ、おかしなキャラ、にくめないキャラ……さまざまな妖怪《ようかい》メンバーを紹介《しょうかい》していきます。彼《かれ》らの生《う》まれや出没《しゅつぼつ》の理由《りゆう》などを知《し》ることで、日本人《にほんじん》の自然《しぜん》を畏《おそ》れ敬《うやま》う気持《きも》ちや、隠《かく》し持《も》っているやっかいな感情《かんじょう》、そして生《い》きること・死《し》ぬことの哀《かな》しみなどを感《かん》じることができるでしょう。「妖怪《ようかい》」は、日本人《にほんじん》の心《こころ》を映《うつ》す鏡《かがみ》でもあるのです。

1章《しょう》

ヌル&《アンド》ニョロ系《けい》

妖怪《ようかい》は、中国《ちゅうごく》ではドヨ〜ンとしたマイナスオーラ「陰《いん》の気《き》」を帯《お》びているものとされています。気持《きも》ちわるくて当《とう》然《ぜん》です。なかでも表面《ひょうめん》がヌルっとしたものは、さわらなくてもこちらの身体《からだ》にヌメリが伝《つた》わってくるよう。そういう妖怪《ようかい》にかぎって、ニョロニョロとやたら長《なが》い。長《なが》くないものは、せめて「キモかわいい」とでも言《い》ってもらいたげに、湿《しめ》った感触《かんしょく》が強調《きょうちょう》されています。日本人《にほんじん》の想像力《そうぞうりょく》は、姿《すがた》かたちと触感《しょっかん》をうまくつなげ、それぞれの妖怪《ようかい》の個性《こせい》をひきたてているのです。

シルエットクイズ1 わたしはだれ？（答《こた》えは94、95ページ）

③

川《かわ》の流《なが》れにサラサラゆくよ～

①

海中《かいちゅう》の女子《じょし》水泳《すいえい》じゃ金《きん》メダル候補《こうほ》

④

神社《じんじゃ》かラーメン屋《や》で会《あ》おう

②

どうしたって下《した》から目線《めせん》になっちゃうわ

垢《あか》なめ

うまくしゃべられないよ〜。おいら、なめるの専門《せんもん》だからぁ〜

おいらの食《く》いもんはぁ、塵《ちり》やほこりや垢《あか》なのら。人間《にんげん》のことは食《く》わないし、たいした悪《わる》さもしないのよぉ。見《み》てちょ〜らいな。ほうら、びろろ〜んとよくのびる長《なが》〜いこのベロで、垢《あか》のたまった風呂桶《ふろおけ》やら風呂場《ふろば》の床《ゆか》をなめるのら。夜遅《よるおそ》くなるまで、風呂屋《ふろや》の人《ひと》に見《み》つからないすみっこや、人《ひと》の住《す》んでないぼろやしきに隠《かく》れているのらよぉ。ひとりで長《なが》〜いこと生《い》きてきただろ。そんで、なめないときは、ず〜っとベロを巻《ま》きこんれるから、しゃべるのはベロがもつれて、苦手《にがて》らよぉ。

おいらの歳《とし》はずいぶんらと思《おも》うけど、生《い》きたもんを食《く》わねぇからか、わらしこの姿《すがた》のまんまら。あっかんべろべろべぇ〜。

♠垢《あか》なめのすまい、お風呂《ふろ》の歴史《れきし》

・「風呂《ふろ》」というのは、もともとはスチーム浴《よく》による蒸《む》し風呂《ぶろ》のことをいう。いまのサウナに近《ちか》いものだ。これとはちがって「湯《ゆ》」というのは、浴《よく》そうにためた湯《ゆ》に入《はい》ること。

・徳川家康《とくがわいえやす》がやってきてすぐの江戸《えど》（いまの東京《とうきょう》）に、蒸《む》し風呂《ぶろ》の銭湯《せんとう》ができたという。江戸時代《えどじだい》を通《つう》じて、都市《とし》では湯屋《ゆや》、風呂屋《ふろや》という銭湯《せんとう》が主流《しゅりゅう》で、家屋敷《いえやしき》に内風呂《うちぶろ》を持《も》つ人《ひと》はかぎられていた。銭湯《せんとう》のなかに「戸棚風呂《とだなぶろ》」という半身浴《はんしんよく》とスチーム浴《よく》をかねるスタイルがでてきたが、その後《ご》、肩《かた》までつかれる「すえ風呂《ふろ》」が広《ひろ》まりだして、江戸時《えどじ》代後期《だいこうき》の銭湯《せんとう》ではすっかり湯《ゆ》につかるスタイルが定着《ていちゃく》した。こうした変化《へんか》は、垢《あか》なめの食事《しょくじ》スタイルにも影響《えいきょう》をあたえたにちがいない。

垢《あか》なめ

人魚《にんぎょ》

うちらと恋《こい》したら、かんたんには死《し》ねへんでぇ〜

うちらの平均寿命《へいきんじゅみょう》は、かる〜く1000年《ねん》は超《こ》えるわなぁ。とくに悪《わる》さをするつもりなんかないのに、人間《にんげん》が網《あみ》にひっかけてつりあげたり、うちらが岩《いわ》の上《うえ》で休《やす》んでいるとこを見《み》つけて半殺《はんごろ》しの目《め》に合《あ》わせたり、ひどいときなんか寄《よ》ってたかって450丁《ちょう》もの鉄砲《てっぽう》で撃《う》ち殺《ころ》しにかかったんだから、そりゃぁうちらかて、そのまんま泣《な》き寝入《ねい》りするわけにはいかんやろ？　船《ふね》の底《そこ》を大波《おおなみ》でひっくり返《かえ》したり、大地震《おおじしん》を起《お》こして人間《にんげん》に祟《たた》りを返《かえ》してやるのは、当然《とうぜん》やないの？

そんでも日本《にほん》にはな、うちらに出会《であ》うことは稀《まれ》に見《み》る幸運《こううん》やいうて、うっかり陸《りく》にあがって干《ひ》からびてしもたうちらのご先祖《せんぞ》を大事《だいじ》に祀《まつ》ってくれてはる地《ち》域《いき》もある。そういうとこでは、うちら、だぁれも悪《わる》さはせえへん。人間《にんげん》の不老《ふろう》長寿《ちょうじゅ》を守《まも》ってあげたりしてるんやで。不老長寿《ふろうちょうじゅ》言うたら、うちらの肉《にく》を食《た》べたおばかさんな人間《にんげん》たちがおるけど、うちらの歳《とし》まで生《い》きてどうすんのん？　メルヘンみたいに王子《おうじ》さまと恋《こい》するには、しわしわになりすぎやで〜。

♠不気味《ぶきみ》な人魚《にんぎょ》

・各地《かくち》に伝《つた》わる人魚《にんぎょ》のミイラは、すべてグロテスク。江戸時代《えどじだい》の『和漢三才図会《わかんさんさいずえ》』のさし絵《え》には、アンデルセン童話《どうわ》の人魚姫《にんぎょひめ》に近《ちか》い姿《すがた》のものが描《えが》かれる。そんな人魚《にんぎょ》の正体《しょうたい》として現在《げんざい》説《と》かれる生《い》き物《もの》は、ジュゴン、スナメリ、リュウグウノツカイなど。

♠人魚《にんぎょ》を食《く》う

・福井県《ふくいけん》の南西部《なんせいぶ》を中心《ちゅうしん》に、各地《かくち》に八百比丘尼《やおびくに》の伝説《でんせつ》が残《のこ》る。父《ちち》が異界《いかい》で人魚《にんぎょ》の肉《にく》をもらい、その肉《にく》を食《た》べた娘《むすめ》が何百年《なんびゃくねん》も生《い》きたという話《はなし》だ。

人魚
にんぎょ

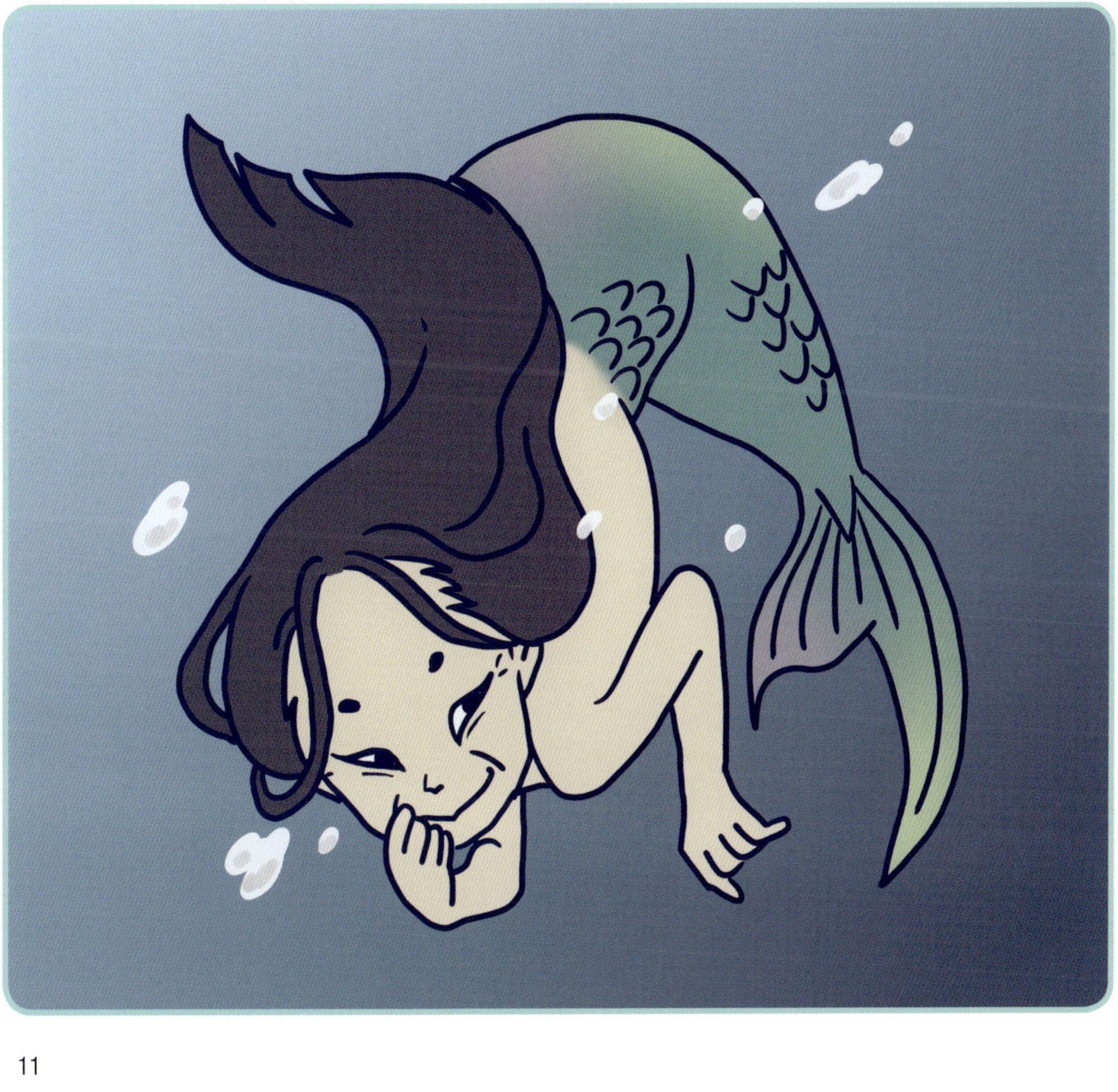

泥田坊《どろたぼう》

田《た》を返《かえ》せ〜　田《た》を返《かえ》せ〜

せがれを信《しん》じて託《たく》した先祖《せんぞ》からの大事《だいじ》な田畑《たはた》は、人間《にんげん》の手《て》ですっかり売《う》り払《はら》われてしまいよった。あぁ、口惜《くちお》しや口惜《くちお》しや。わしがどれほどの思《おも》いで、あの田畑《たはた》を耕《たがや》し続《つづ》けてきたことか。わしの折《お》れまがった長《なが》〜い指《ゆび》の先《さき》の先《さき》まで、田《た》の泥《どろ》が浸《し》みこんでおるわ。

まじめ一方《いっぽう》に働《はたら》くことをやめた人間《にんげん》どもを、体中《からだじゅう》に浸《し》みこんだこのどろどろの田起《たお》こしの血《ち》が許《ゆる》すはずもない。わしは、美徳《びとく》とされる2本《ほん》の指《ゆび》を食《く》いちぎり、怒《いか》りと欲《よく》とおろかさの3本指《ぼんゆび》で、なまけ者《もの》の人間《にんげん》どもを呪《のろ》ってやるのだ。ひとつしかないこの目《め》でも、おろかな人間《にんげん》の心《こころ》に巣食《すく》う卑《いや》しさをけっして見逃《みのが》しはせぬわ。

しかし、祟《たた》っても呪《のろ》っても、失《な》くした田《た》は元《もと》にはもどらん。

田《た》を返《かえ》せ〜！　田《た》を返《かえ》せ〜！

泥田坊《どろたぼう》が田《た》にこだわるワケ

・江戸時代《えどじだい》の上層《じょうそう》クラスの農民《のうみん》は、年貢《ねんぐ》を領主《りょうしゅ》に納《おさ》めるかわりに、田畑《たはた》・屋敷地《やしきち》をふくめた土地《とち》を自分《じぶん》たちのものにすることが認《みと》められていた。領主《りょうしゅ》がかわっても、彼《かれ》らはあいかわらず田《た》の持《も》ち主《ぬし》だった。そんな安定《あんてい》した状態《じょうたい》が代々続《だいだいつづ》くうち、土地《とち》、とくに年貢米《ねんぐまい》にかかわる田《た》へのこだわりが強《つよ》まっていった。

泥田坊《どろたぼう》の由来《ゆらい》

・きちんとした考《かんが》えもなくメチャクチャなことをするという意味《いみ》の「泥田《どろた》を棒《ぼう》で打《う》つ」ということばからつくられた妖怪《ようかい》。

泥田坊
  どろ た ぼう

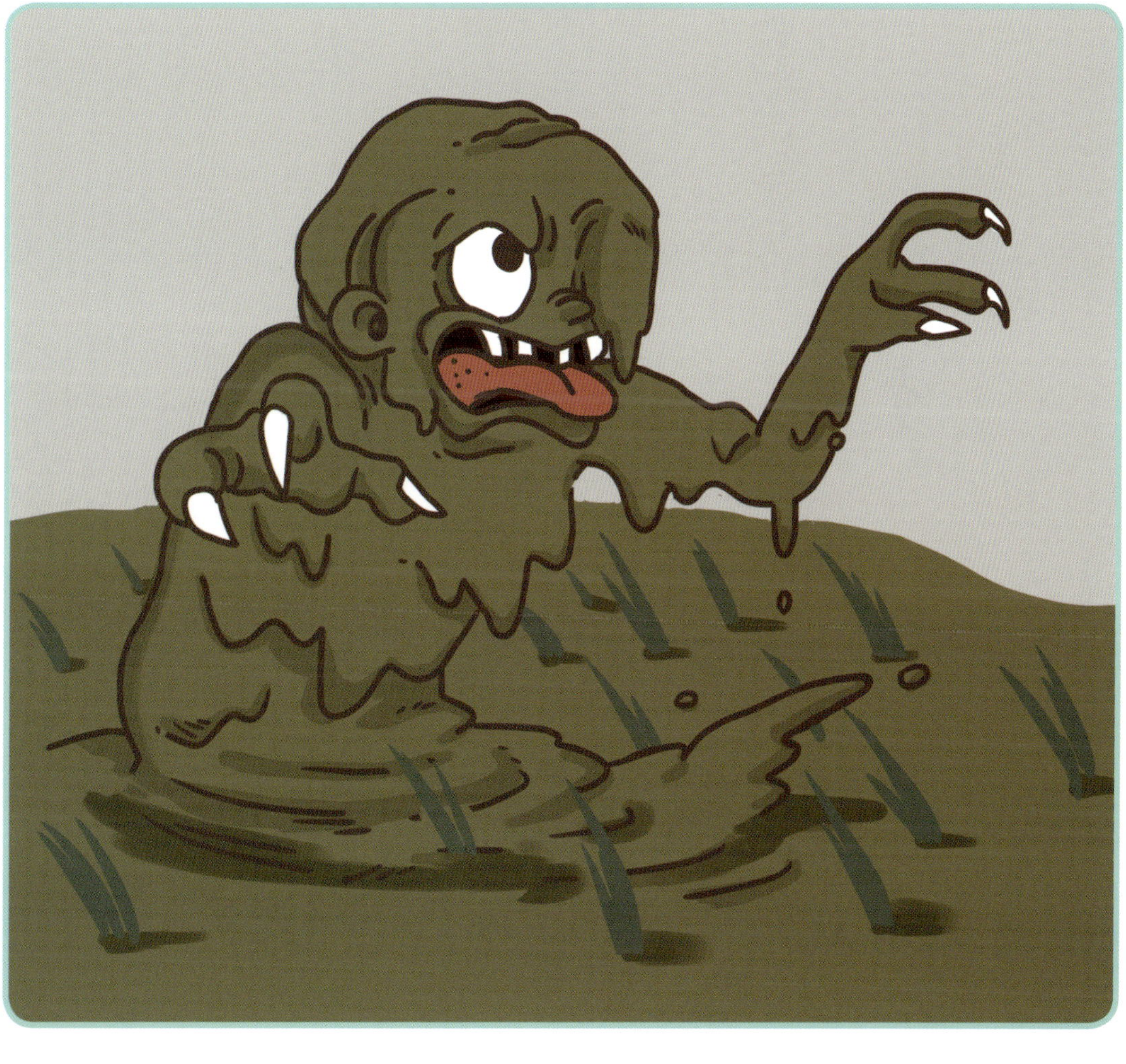

逆《さか》さ首《くび》

女《おんな》の魅力《みりょく》で、若造《わかぞう》の平太郎《へいたろう》をびびらせたかったのにぃ～

うっひょひょひょひょ～ん。うちはぁ、ヒロシマの生《う》まれなんよぉ。昔《むかし》なぁ、田舎角力《いなかかくりょく》（相撲取《すもうと》り）の権八《ごんぱち》とそこへ相撲《すもう》の手習《てなら》いに通《かよ》っていた平太郎《へいたろう》いうまだケツの青《あお》い子《こ》が、比熊山《ひぐまやま》の山頂《さんちょう》で調子《ちょうし》に乗《の》って、うちら妖怪《ようかい》を挑発《ちょうはつ》するような妖怪変化《ようかいへんげ》の「百物語《ひゃくものがたり》」を語《かた》りはじめたんよ。いい加減《かげん》にしいやて、こらしめとうなって、うちら妖怪《ようかい》は相談《そうだん》して日替《ひが》わりで平太郎《へいたろう》の屋敷《やしき》に忍《しの》びこむことにしたん。うちが登場《とうじょう》したんは3日目《かめ》の7月《がつ》3日《か》。うちのす～てきな黒《くろ》髪《かみ》を足代《あしが》わりにして、屋敷中《やしきじゅう》を飛《と》び跳《は》ねてやったのよん。うっひょひょひょ～ん。おまけに、顔《かお》もびょろ～んとなめてやった。ほんでも、あいつときたら平気《へいき》の平太郎《へいたろう》。16歳《さい》って若《わか》さはどうもならんわねぇ。

あれ以来《いらい》、うちはヒロシマを離《はな》れて、日本中《にほんじゅう》をナマ首《くび》ひとつで飛《と》び跳《は》ねてるんよぉ。家内安全《かないあんぜん》を願《ねが》うんやったら、あんたとこの若《わか》い女《おんな》をよこしんさい。その娘《むすめ》の若《わか》さをもらって、うちはいつまででも、うっひょひょひょひょ～ん。

妖怪《ようかい》もたじろぐ平太郎《へいたろう》

- 稲生武太夫《いのうぶだゆう》は家《いえ》をつぐまえ、平太郎《へいたろう》と名乗《なの》った。現在《げんざい》の広島県三次市《ひろしまけんみよしし》にいた実在《じつざい》の侍《さむらい》で、彼《かれ》が16歳《さい》のときに経験《けいけん》した妖怪退治《ようかいたいじ》の話《はなし》が、さまざまに書《か》きのこされて各地《かくち》に伝《つた》わる。それらによると、逆《さか》さ首《くび》をはじめとする妖怪《ようかい》はすべて魔王《まおう》の山本五郎左衛門《さんもとごろうざえもん》が現《あら》わしたものだったという。
- 広島市《ひろしまし》の国前寺《こくぜんじ》では、年《ねん》に一度《いちど》、山本《さんもと》が平太郎《へいたろう》にさずけた「化《ば》け物槌《ものづち》」が開帳《かいちょう》される。

逆さ首
さかくび

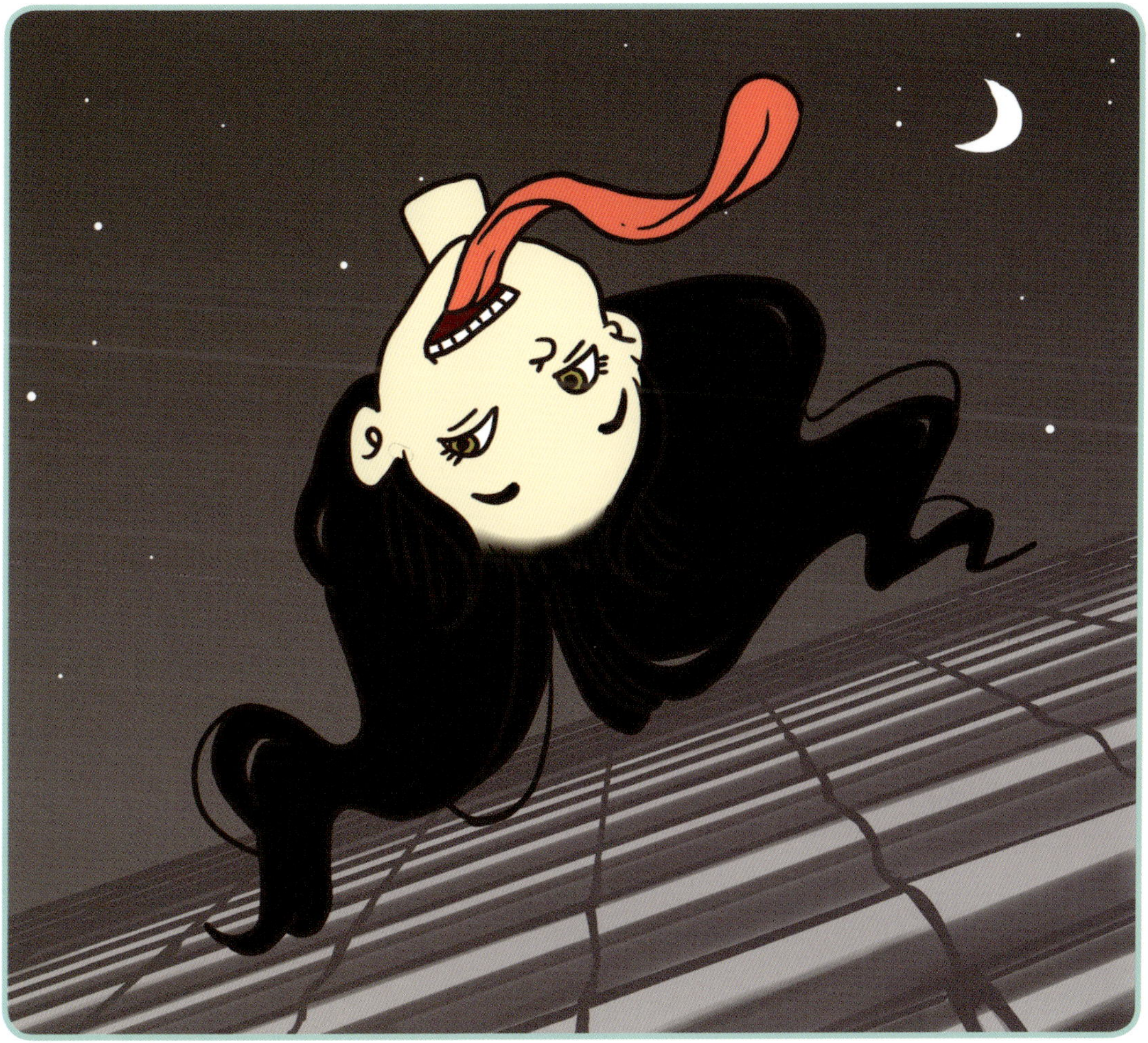

河童《かっぱ》

いつもの元気《げんき》も、水《みず》がなくなりゃ、いざ皿《さら》ば!?

おいら、相撲《すもう》が大好《だいす》きだァ。ちっちぇえ体《からだ》だからって見《み》くびんな！　右手《みぎて》をとって引《ひ》きゃあ左手《ひだりて》がすぼまって、びっくらこくゾ。だいたい、このヌルリベタッとした体《からだ》がお前《まえ》らの手《て》でとらえられるもんか！　おいらに負《ま》けたら尻《しり》っこ玉《だま》ぬいちまうゾ！

でも、キュウリをみやげにいっしょに遊《あそ》んでくれるなら、河童族《かっぱぞく》のウィークポイント、教《おし》えてやる。おいらたち、モノマネが大好《だいす》きなんだ。お前《まえ》らが頭《あたま》をぐるぐるふりまわそうもんなら、すぐマネして……あっと、頭《あたま》の皿《さら》の水《みず》がなくなった！　フニャフニャ、お助《たす》けを〜。

ともかくだ、おれたちゃ妖怪《ようかい》の中《なか》でも人間《にんげん》びいきで有名《ゆうめい》。万能薬《ばんのうやく》のつくり方《かた》やら河童族《かっぱぞく》の秘宝《ひほう》・秘伝《ひでん》まで、人間《にんげん》たちに教《おし》えてきたよ。

マヌケで憎《にく》めない？　おれたちの水中《すいちゅう》での力《ちから》も知《し》らないで軽口《かるくち》たたくやつもいるが、そんなの屁《へ》のカッパだい！

♠河童《かっぱ》は神《かみ》さま

・福岡県久留米市《ふくおかけんくるめし》にある水天宮《すいてんぐう》の使《つか》いは河童《かっぱ》とされる。九州《きゅうしゅう》にはほかにも河童《かっぱ》を水神《すいじん》として祀《まつ》るところがある。河童《かっぱ》の好物《こうぶつ》キュウリは、水神《すいじん》へのお供《そな》え。信仰《しんこう》の背景《はいけい》には、川《かわ》の治水《ちすい》にまつわる苦難《くなん》の記憶《きおく》、よそから訪《おとず》れたり流《なが》れついたりするものへの畏怖《いふ》（恐《おそ》れの感情《かんじょう》）がある。

♠河童《かっぱ》の呼《よ》び名《な》はいろいろ

・カワタロウ、カワッパ、ドチガメ、エンコウなどと地域《ちいき》によってさまざま。ネネコ、九千坊《くせんぼう》、海御前《あまごぜ》など河童《かっぱ》のリーダーの名《な》も伝《つた》わっている。

河童
<small>かっぱ</small>

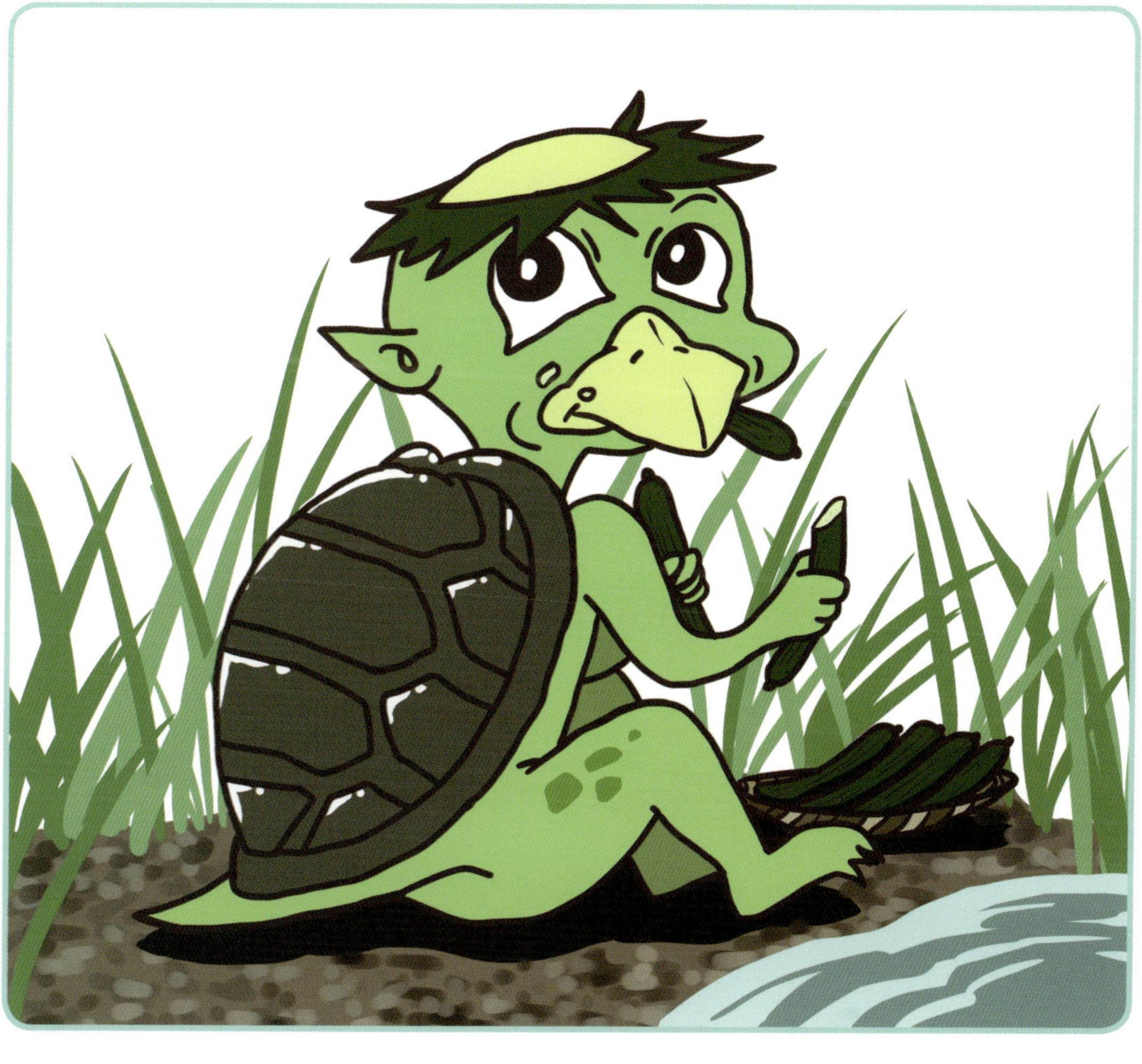

竜《りゅう》

雲間《くもま》を泳《およ》ぎ水底《みなそこ》をくぐる「が、しかし」の正体《しょうたい》とは？

わたしは妖怪《ようかい》である。が、しかし、神《かみ》でもある。わたしは王室《おうしつ》の権力《けんりょく》の象《しょう》徴《ちょう》である。が、しかし、守護神《しゅごしん》ともなる。あるいは悪《あく》の化身《けしん》ともなる。水《みず》の神《かみ》として干《かん》ばつの続《つづ》く村《むら》において池《いけ》や沼《ぬま》に祀《まつ》られる。が、しかし、洪水《こうずい》を起《お》こす悪《あく》の妖怪《ようかい》としてこわがられもする。わたしの口《くち》から吐《は》き出《だ》される炎《ほのお》は、一《いっ》瞬《しゅん》にして世界《せかい》を焼《や》きつくす。が、しかし、火事《かじ》の消火《しょうか》に活躍《かつやく》することもある。天界《てんかい》に棲《す》み、雲《くも》の合間《あいま》を縫《ぬ》って飛《と》ぶ。が、しかし、水底《みなそこ》の龍宮《りゅうぐう》にも棲《す》む。人《にん》間《げん》どもに、しこたまの金銀《きんぎん》をくれてやることもある。が、しかし、若《わか》い娘《むすめ》をたぶらかす場合《ばあい》もあれば、村《むら》の男《おとこ》をさらっていくこともある。尖《とが》った爪《つめ》は、日本《にほん》では3本《ぼん》。が、しかし、中国《ちゅうごく》では5本《ほん》。

わたしの姿《すがた》は、ラクダの頭部《とうぶ》、鹿《しか》の角《つの》、鬼《おに》のまなこ、牛《うし》の耳《みみ》、蛇《へび》のうなじ、蜃《しん》（蜃気楼《しんきろう》をつくるという）の腹《はら》、鯉《こい》の鱗《うろこ》、鷹《たか》の爪《つめ》、虎《とら》の手《て》と、9種《しゅ》の動物《どうぶつ》の姿《すがた》を借《か》りているなどと伝《つた》えられるが、なにが本当《ほんとう》でなにが噂《うわさ》か、わたしもわからぬ。このわからぬままに畏《おそ》れ崇《あが》められることこそ、わたしなのである。

♠方位《ほうい》や時刻《じこく》に関係《かんけい》

・方位《ほうい》・時刻《じこく》をあらわす十二支《じゅうにし》のうち、「辰《たつ》」は竜《りゅう》にあたり、キトラ古墳《こふん》の壁画《へきが》で有名《ゆうめい》な青竜《せいりゅう》は東《ひがし》の方角《ほうがく》をまもる神獣《しんじゅう》。

♠竜《りゅう》にまつわることば

・竜《りゅう》の喉《のど》の下《した》には、逆《さか》さに生《は》える鱗《うろこ》＝逆鱗《げきりん》があり、これに触《ふ》れると竜《りゅう》が暴《あば》れることから、えらい人《ひと》の怒《いか》りに触《ふ》れることを「逆鱗《げきりん》に触《ふ》れる」という。中国《ちゅうごく》には、鯉《こい》が登《のぼ》りきれば竜《りゅう》になれると伝《つた》わる滝《たき》がある。そこから、出世《しゅっせ》につながる関門《かんもん》を「登竜門《とうりゅうもん》」という。

竜《りゅう》

ヤマタノオロチ

大河《たいが》に氾濫《はんらん》を巻《ま》き起《お》こす張本人《ちょうほんにん》が酒《さけ》におぼれるとは、一生《いっしょう》の不覚《ふかく》

わしは、あまたいる妖怪《ようかい》たちの中《なか》でも最《もっと》も由緒正《ゆいしょただ》しき妖怪《ようかい》。わしの存在《そんざい》を知《し》らしめた書物《しょもつ》は『古事記《こじき》』に『日本書紀《にほんしょき》』。まっ赤《か》に血走《ちばし》った眼玉《めだま》。胴体《どうたい》はひとつだが、頭《あたま》も尻尾《しっぽ》も8つある。身《み》の丈《たけ》は、8つの山々《やまやま》8つの谷々《たにだに》を越《こ》えるほど。蛇腹《じゃばら》といわれるわしの腹《はら》は、どす黒《ぐろ》い血《ち》でにじんでおる。

年《ねん》に数回《すうかい》の食事《しょくじ》しかしない限定肉食系《げんていにくしょくけい》で、とくに若《わか》い女子《じょし》を好《この》んで食《しょく》するわしは、れっきとした大蛇《だいじゃ》だが、出雲地方《いずもちほう》では、砂鉄《さてつ》や洪水《こうずい》で氾濫《はんらん》をくり返《かえ》す揖斐川《いびがわ》の化身《けしん》ともいわれておる。わしを退治《たいじ》したことでスーパーヒーローとなった須佐之男命《すさのおのみこと》が救《すく》った奇稲田姫《くしなだひめ》は、わしが押《お》し寄《よ》せ破壊《はかい》する田《た》んぼの象徴《しょうちょう》だとな。人間《にんげん》もなかなかおもしろいたとえをするもんじゃ。それにしても、わしの8つの頭《あたま》それぞれに酒《さけ》を飲《の》ませ、酔《よ》ったところを襲《おそ》うなど、須佐之男命《すさのおのみこと》はわしより腹黒《はらぐろ》い。あやつの降《ふ》りおろした十束剣《とつかのつるぎ》の刃《は》が、わしが尾《お》の中《なか》に隠《かく》しこんでいた草那芸之大刀《くさなぎのたち》でぼろりと欠《か》けたのが、せめてものうさばらしじゃ。

おろち退治《たいじ》が語《かた》るもの

- 大蛇《だいじゃ》は水《みず》・川《かわ》の神《かみ》であることが多《おお》いから、川《かわ》の氾濫《はんらん》と治水《ちすい》の成功《せいこう》を、おろち退治《たいじ》の話《はなし》として語《かた》ったとする説《せつ》がある。
- おろち退治《たいじ》の舞台地《ぶたいち》からは良質《りょうしつ》の砂鉄《さてつ》が出《で》たので、製鉄《せいてつ》をなりわいとする集団《しゅうだん》がいたと考《かんが》えられる。彼《かれ》らが製鉄《せいてつ》の燃料《ねんりょう》とする木炭《もくたん》づくりのために木々《きぎ》を大量《たいりょう》に伐採《ばっさい》すると、洪水《こうずい》になり、水《みず》がひいたあとには鱗《うろこ》のような砂州《さす》ができた。
- おろちの姿《すがた》は、山《やま》あいで鉄《てつ》をつくる赤《あか》い火《ひ》の連《つら》なりをあらわすという説《せつ》もある。

ヤマタノオロチ

大《おお》むかで

巻《ま》いて巻《ま》いて、しめつけてくれるわ

平成《へいせい》の世《よ》になってもわしが恨《うら》みに思《おも》うのは、戦《たたか》いに負《ま》けた藤原秀郷《ふじわらのひでさと》ではない。滋賀《しが》の名山《めいざん》、三上山《みかみやま》を七巻《ななま》きもしたわしを切《き》りおとしたのだから、敵《てき》ながらあっぱれよ。許《ゆる》せんのはふもとの村《むら》の竜神一族《りゅうじんいちぞく》、中《なか》でもとりわけ美《うつく》しい娘《むすめ》が大蛇《だいじゃ》に化《ば》けてまでわしを倒《たお》してくれと秀郷《ひでさと》に助《たす》けを請《こ》うたことよ。わしは、足《あし》のないにょろりもんは、ムシズが走《はし》るほど嫌《きら》いじゃ。どうせ大蛇《だいじゃ》になったなら、そのままわしに向《む》かってくればよかったものを。さらに昔《むかし》にさかのぼれば、二荒《ふたら》の神率《かみひき》いる大蛇軍《だいじゃぐん》が、敗退寸前《はいたいすんぜん》で卑怯《ひきょう》にも人間《にんげん》を巻《ま》きこみ、その矢《や》で、優勢《ゆうせい》であった赤城《あかぎ》の神率《かみひき》いるわがムカデ軍《ぐん》を滅《ほろ》ぼしたこともあった。

わしらは、竜《りゅう》のように空《そら》を飛《と》ばずとも、数《かぞ》えきれぬ足《あし》を自在《じざい》にあやつり、恐《おそ》ろしい速《はや》さで進《すす》んでいくことができる。牙《きば》から吐《は》き出《だ》す毒《どく》であたりの物《もの》を溶《と》かしてしまうのも、お手《て》のもの。人間《にんげん》の子《こ》らよ、子分《こぶん》のムカデたちを踏《ふ》みつぶしたら、今度《こんど》こそ、わしが許《ゆる》しはせぬぞ。

藤原秀郷《ふじわらのひでさと》

・昔話《むかしばなし》では俵藤太《たわらのとうた》という呼《よ》び名《な》で通《とお》る実在《じつざい》の人物《じんぶつ》で、関東《かんとう》で勢力《せいりょく》をつけ朝廷《ちょうてい》をおびやかす平将門《たいらのまさかど》を滅《ほろ》ぼしたことで知《し》られる。

蛇《へび》の大敵《たいてき》

・中国《ちゅうごく》の古典《こてん》でムカデは蛇《へび》を食《た》べるとされる。「土《ど》、水《すい》に克《か》つ」の考《かんが》えから、土性《どせい》のムカデが水性《みずしょう》の蛇《へび》にまさるとしたもの。またムカデは軍神《ぐんしん》・毘沙門天《びしゃもんてん》の使《つか》いとされ、武家《ぶけ》では武田氏配下《たけだしはいか》「むかで衆《しゅう》」のように旗指物《はたさしもの》にムカデのデザインを用《もち》いる例《れい》がある。

大《おお》むかで

アヤカシ

嵐《あらし》を呼《よ》ぶモノノケ

南方熊楠《みなかたくまぐす》よ、おまえはわしの正体《しょうたい》を蛸《たこ》というたな。おまえはたしかに立派《りっぱ》な博物学者《はくぶつがくしゃ》だが、わしについての記述《きじゅつ》はまちがっておるぞ。体長数《たいちょうすう》キロにおよび、長《なが》～い足《あし》で海《うみ》の表面《ひょうめん》をたたきつけることもしばしばじゃが、だからといってわしは蛸《たこ》ではない。海《うみ》にやってくる船《ふね》にとりついて難破《なんぱ》させる、れっきとした妖怪《ようかい》じゃ。気《き》が向《む》けばへなちょこの船《ふね》をゆうっくりとまたぎこしてやったりもするわい。そのときにわしの体《からだ》からしたたりおちる油《あぶら》に、船《ふね》の上《うえ》の人間《にんげん》たちは大《おお》わらわよ。無理《むり》もない。油《あぶら》の重《おも》さで船《ふね》が沈没《ちんぼつ》しかねんからな。近《ちか》ごろじゃぁ、わしの正体《しょうたい》を海蛇《うみへび》じゃとか大《おお》ウナギじゃとかいうやつもおるが、それもちがう。海《うみ》で死《し》んだ者《もの》の霊《れい》じゃという噂《うわさ》もたっておるが、そんな話《はなし》はみんな、だまくらかしのアヤカシじゃ。

♠そうはいっても、南方熊楠《みなかたくまぐす》、スゴイひと

・1867（慶応《けいおう》3）年《ねん》に現在《げんざい》の和歌山市《わかやまし》に生《う》まれる。幼少期《ようしょうき》から天才的《てんさいてき》な学習能力《がくしゅうのうりょく》をもち、大学予備門《だいがくよびもん》では、夏目漱石《なつめそうせき》や正岡子規《まさおかしき》と同窓《どうそう》。そこを中退《ちゅうたい》し、アメリカ、イギリスで知識《ちしき》を広《ひろ》めた。数々《かずかず》の外国語《がいこくご》を理解《りかい》し、植物学《しょくぶつがく》にくわしく、粘菌研究《ねんきんけんきゅう》では昭和《しょうわ》天皇《てんのう》にも高《たか》く評価《ひょうか》された。和歌山県《わかやまけん》の神島《かしま》の森林伐採《しんりんばっさい》を防《ふせ》いだのは、日本《にほん》の自然保護《しぜんほご》運動《うんどう》のさきがけ。民俗学《みんぞくがく》に関《かん》する文章《ぶんしょう》も有名《ゆうめい》。

♠「アヤカシ」の意味《いみ》

・室町時代《むろまちじだい》には、おろかな人《ひと》のことをいった。江戸時代《えどじだい》には、もっぱら不思議《ふしぎ》な現象《げんしょう》や、よこしまな力《ちから》による害《がい》のことをさした。

アヤカシ

清《きよ》姫《ひめ》

男《おとこ》の逃《に》げ腰《ごし》があたしを変《か》えてしまったのよ

僧侶《そうりょ》だろうがなんだろうが、あたしにちゃんと向《む》き合《あ》わないであたしの恋《こい》心《こころ》から目《め》をそむけて離《はな》れていったのは、どうしてもどうしても許《ゆる》せなかったの。女《おんな》の執念《しゅうねん》は恐《おそ》ろしいなんてあたしのことをみんな噂《うわさ》してるようだけど、もしあの安珍《あんちん》が、踏《ふ》みとどまって「悪《わる》いけど付《つ》き合《あ》うのは無理《むり》」ってきっぱりあたしの目《め》を見《み》て言《い》ってくれてたら、たぐり寄《よ》せる不幸《ふこう》な縁《えん》の糸《いと》は紡《つむ》がれなかった……。

安珍《あんちん》、しかもおまえは、自分《じぶん》の手《て》の内《うち》、寺《てら》の鐘《かね》の中《なか》に隠《かく》れたわよね。自分《じぶん》の世界《せかい》に引《ひ》きこもったおまえと、自分《じぶん》の殻《から》を破《やぶ》って蛇《へび》に身《み》をやつしたあたしと、いったいどちらが己《おのれ》の命《いのち》を輝《かがや》かせたといえるのかしら？ 鐘《かね》ごとおまえを焼《や》きつくしたのだって、おまえの頑《かたく》なさを炎《ほのお》で溶《と》かしてやりたかったからよ。

名前《なまえ》についている「清《きよ》」の文字《もじ》は、偽《いつわ》りのないあたしの純情《じゅんじょう》の証《あか》しだわ。

道成寺《どうじょうじ》

・和歌山県日高郡《わかやまけんひだかぐん》にある寺《てら》。室町時代《むろまちじだい》に描《えが》かれた絵巻物《えまきもの》「道成寺縁起《どうじょうじえんぎ》」が残《のこ》り、大蛇《だいじゃ》となって自分《じぶん》が恋《こい》した若《わか》い僧《そう》を殺《ころ》す女《おんな》の物語《ものがたり》をいまに伝《つた》える。現在《げんざい》も、清姫伝説《きよひめでんせつ》の絵《え》に基《もと》づく説教《せっきょう》が聞《き》ける。

清姫《きよひめ》は人気《にんき》キャラ

・清姫《きよひめ》の話《はなし》は『法華験記《ほっけげんき》』『今昔物語集《こんじゃくものがたりしゅう》』といった説話集《せつわしゅう》に原型《げんけい》が見《み》られ、演劇化《えんげきか》されたものには、謡曲《ようきょく》『道成寺《どうじょうじ》』、歌舞伎舞踊《かぶきぶよう》『京鹿子娘道成寺《きょうがのこむすめどうじょうじ》』などがある。

清姫
_{きよひめ}

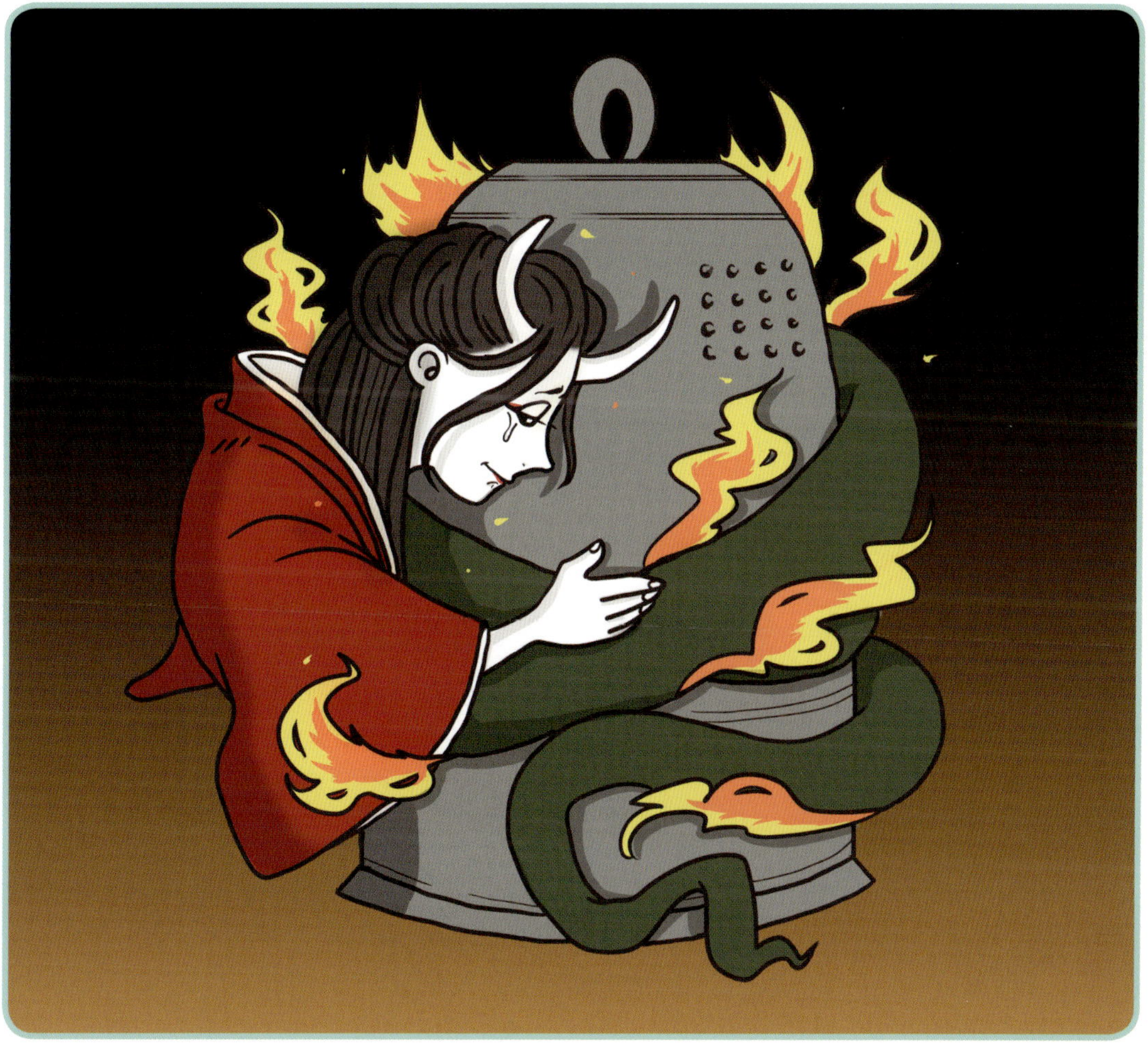

2章《しょう》

ユラ&《アンド》プヨ系《けい》

怪獣《かいじゅう》は、ドシンドシンと大《おお》きな体《からだ》をゆらして、いかにもハデに、出《で》たゾーッて感《かん》じにふるまいますが、妖怪《ようかい》は、そういうパフォーマンスをしません。うす気味《きみ》わるく、ゆら〜って登場《とうじょう》して、人間《にんげん》の背中《せなか》をぞ・ぞ・ぞーっとふるわせます。みんな「陰《いん》の気《き》」を帯《お》びてるから、明《あか》るいところへ堂々《どうどう》と現《あらわ》れておどかすなんて、お得意《とくい》じゃないのです。ここでは、ふだんチョッピリひっこみじあんなメンバーに、ユラユラプヨプヨご登《とう》場《じょう》ねがいましょう。

シルエットクイズ2 わたしはだれ？（答《こた》えは94、95ページ）

③

表情《ひょうじょう》がないって、そりゃあたりまえ

①

肩《かた》から上《うえ》で空中《くうちゅう》飛行《ひこう》

④

巷《ちまた》のうわさじゃまぼろしのヘビだって

②

ひらひらのすそを燃《も》やさないで～

ろくろ首《くび》

飛《と》んで飛《と》んで飛《と》んで〜、まわってまわってまわって目《め》がまわるぅ〜

あたいはさぁ、胴体《どうたい》から離《はな》れずにニョロニョロとどこまでも首《くび》がのびていっちゃう。だあって、肌《はだ》に重《かさ》ねる長襦袢《ながじゅばん》も着物《きもの》も1枚《まい》っきり。それをぎゅうっと帯《おび》で締《し》めあげてると苦《くる》しくてさ。ついつい首《くび》がのびちゃうのよね。

あたいもね、何度《なんど》かは結婚《けっこん》もしたわよぉ。昼間《ひるま》の内《うち》はおとなしく家《いえ》の仕事《しごと》をこなしたりしてね。それでもさぁ、夜《よる》みんなが寝静《ねしず》まると、どうしてもあたいの自由《じゆう》な魂《たましい》は首《くび》ごとどこへでも行《い》っちゃいそうになるわけなのよねぇ。それが見《み》つかって、なんべん離縁《りえん》されたかしれないわぁ。

あたいの親《しん》せき筋《すじ》には、首《くび》ごと抜《ぬ》けてさまよう姉《ねえ》さんたちもいるわよぉ。姉《ねえ》さんたちにくらべれば、あたいはお行儀《ぎょうぎ》がいいわよね。体《からだ》だけはいつだって前向《まえむ》きで正座《せいざ》。よく首《くび》がもつれないもんだと自分《じぶん》でも感心《かんしん》しちゃう。その反動《はんどう》かしらね、時折《ときおり》、夜《よる》に徘徊《はいかい》する動物《どうぶつ》たちの首根《くびね》っこにかみついて、生《い》き血《ち》をすすりたくなっちゃうの〜。

♠ルーツは中国《ちゅうごく》の『捜神記《そうじんき》』

・中国《ちゅうごく》の古《ふる》い時代《じだい》の不思議話《ふしぎばなし》を集《あつ》めた書物《しょもつ》『捜神記《そうじんき》』に、ジャワ島《とう》（インドネシアの島《しま》）やベトナムには飛頭蛮《ひとうばん》という異人《いじん》がいて、夜《よる》に首《くび》がぬけて耳《みみ》を翼《つばさ》がわりにして飛《と》び、虫《むし》をとって食《く》うと書《か》いてある。この怪談《かいだん》が日本《にほん》でろくろ首《くび》の話《はなし》になった。

♠なぜ、ろくろ首《くび》っていうの？

・ろくろとは、井戸《いど》のつるべを上《あ》げ下《さ》げするときに使《つか》う滑車《かっしゃ》。妖怪《ようかい》の首《くび》がのびるさまが、ろくろにかけた縄《なわ》でつるべが上下《じょうげ》するさまに似《に》ているから、ろくろ首《くび》という。

ろくろ首《くび》

紙舞《かみまい》

吹《ふ》かずとも、飛《と》んで見《み》せよう紙吹雪《かみふぶき》

風《かぜ》が吹《ふ》いたり、人間《にんげん》の吐《は》く息《いき》で飛《と》ばされるなんてぇのは、オイラの性《しょう》に合《あ》わねえ。神無月《かんなづき》（旧暦《きゅうれき》10月《がつ》）のころの深夜《しんや》、窓《まど》も閉《し》め切《き》った部屋《へや》の中《なか》で、突然《とつぜん》ふわりと机《つくえ》の上《うえ》から浮《う》きあがり、一気《いっき》にぶあああっと部屋《へや》の中《なか》を乱《みだ》れ飛《と》ぶってのがいいんだよ。そうすると、それまで上品《じょうひん》そうなツラをして賢《かしこ》ぶって書《か》き物《もの》なんかしていたやつが、ぶったまげて腰抜《こしぬ》かしてふんどし丸出《まるだ》しなんてぇのがおもしろくってたまんねぇ。江戸時代《えどじだい》には、ごうつくばりの金貸《かねか》しの親父《おやじ》をちいっとこらしめてやろうと、そいつが大事《だいじ》にしていた証文《しょうもん》にとりついて、一気《いっき》にぜぇんぶ巻《ま》き上《あ》げて空《そら》の彼方《かなた》に連《つ》れさっちまったこともあるんだぜ。オイラのいたずらも、なかなか捨《す》てたもんじゃねぇだろ？　が、ただひとり、何《なに》をやってみせてもへっちゃら顔《がお》してた稲生平太郎《いのうへいたろう》には参《まい》ったね。

♠**紙舞《かみまい》ショー**

・「胡蝶《こちょう》の舞《まい》」という、和紙《わし》でできた蝶《ちょう》を飛《と》ばせて紙《かみ》ふぶきを舞《ま》わせる「和妻《わづま》（江戸時代《えどじだい》に広《ひろ》まったイリュージョン）」が、紙舞《かみまい》の話《はなし》を思《おも》い出《だ》させる。

♠**和紙《わし》づくり**

・書道《しょどう》の半紙《はんし》、千代紙《ちよがみ》など、いまも身近《みぢか》に使《つか》われる和紙《わし》は、コウゾやガンピ、ミツマタの木《き》が原材料《げんざいりょう》。加工《かこう》した材料《ざいりょう》の皮《かわ》をはいで水《みず》につけ、釜《かま》で煮《に》る。また水《みず》につけて繊維《せんい》をほぐし、「漉《す》きぶね」の中《なか》で漉《す》いて形《かたち》づくり、乾燥《かんそう》させていく。昔《むかし》からの伝統《でんとう》を受《う》けついで、ユネスコの無形文化遺産《むけいぶんかいさん》に指定《してい》されているブランドがある。

紙舞
<small>かみまい</small>

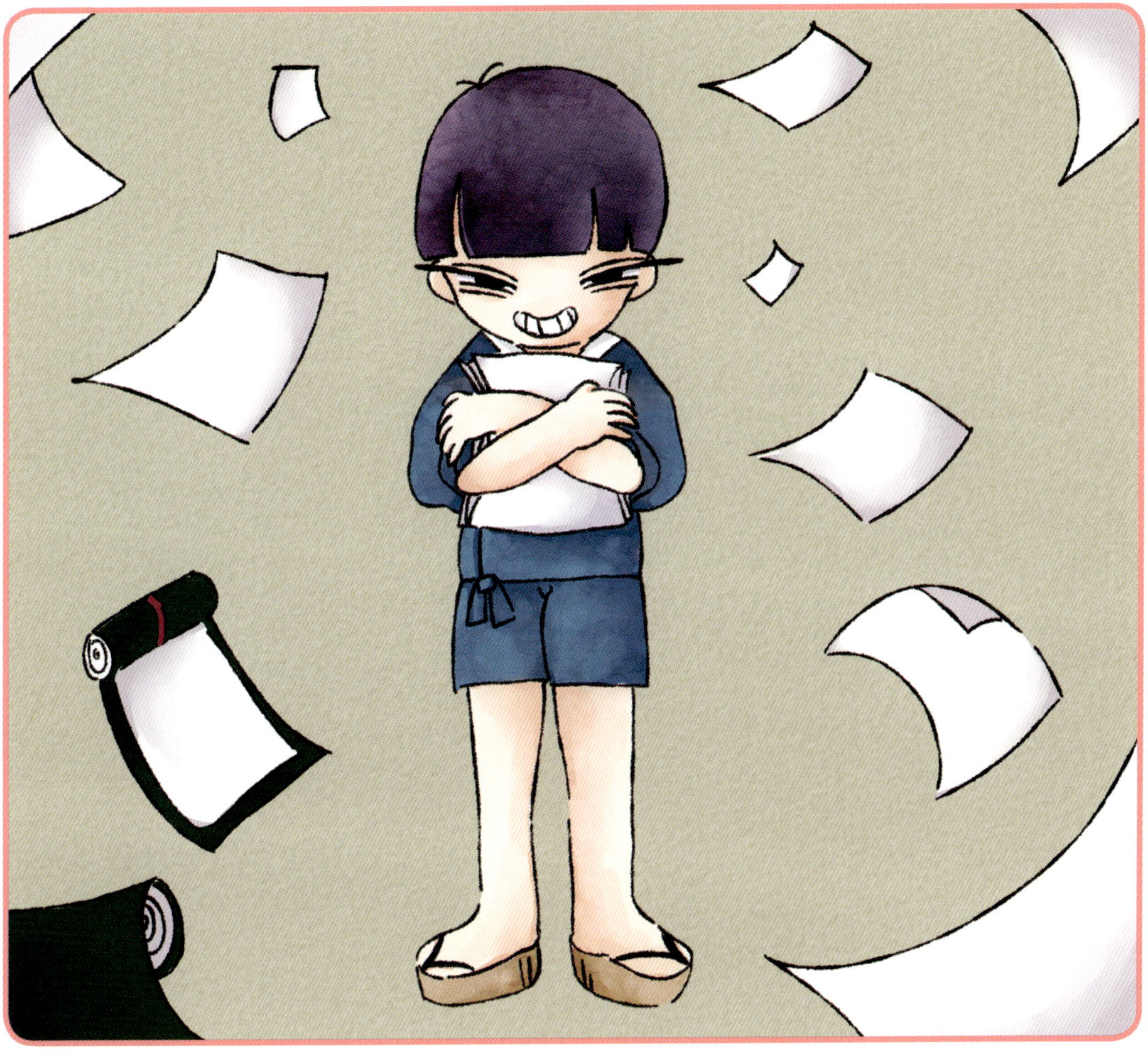

宗源火《そうげんび》

燃《も》えてなんぼじゃ

下界《げかい》の裁《さば》きなんてもんは、屁《へ》にもならん。わしが生《い》きて坊主《ぼうず》でおるころにしでかしたことは、奉職《ほうしょく》しておった寺《てら》の賽銭《さいせん》を盗《ぬす》んだことと、寺《てら》の灯明《とうみょう》の油《あぶら》をちょろまかして転売《てんばい》していたことだけじゃ。窃盗《せっとう》と寺《てら》の物横流《ものよこなが》しの罪《つみ》ってとこか。ところが、死《し》んでみるとどうじゃ、「やい、京都壬生寺地蔵堂《きょうとみぶでらじぞうどう》の宗源《そうげん》とか申《もう》しておったな。きさま、坊主《ぼうず》にあるまじき卑《いや》しき行為《こうい》をしおって。どこまでも苦《くる》しむがよい」と言《い》い渡《わた》されて、有無《うむ》も言《い》わさぬ責《せ》め苦《く》の日々《ひび》よ。あまりのつらさにあえぎ悶《もだ》え、ついにわしは鬼火《おにび》となって、壬生寺界隈《みぶでらかいわい》をさまようことになったというわけじゃ。

きさまらも、公共《こうきょう》トイレのペーパーなんぞちょろまかしたら、りっぱな犯罪《はんざい》だぞ。たいしたことないなどと、もしほざいておるなら、地獄《じごく》でも裁《さば》きと苦《くる》しみが待《ま》っとるでぇ〜。

幕末《ばくまつ》に京《きょう》を警備《けいび》した新撰組《しんせんぐみ》も、壬生寺《みぶでら》に

・河内国《かわちのくに》（現在《げんざい》の大阪府《おおさかふ》）の枚岡神社《ひらおかじんじゃ》の灯油《とうゆ》をぬすんだ婆《ばあ》さんが化《か》した「うばが火《び》」と同《おな》じく、神仏《しんぶつ》を恐《おそ》れぬ人《ひと》にばちがあたる話《はなし》が、壬生寺《みぶでら》に伝《つた》わった。この寺《てら》では地蔵菩薩《じぞうぼさつ》を中心《ちゅうしん》に祀《まつ》る。

・寺《てら》の行事《ぎょうじ》としては、鎌倉時代《かまくらじだい》に始《はじ》まった「壬生狂言《みぶきょうげん》」という無言《むごん》の劇《げき》があり、演目《えんもく》のうち「紅葉狩《もみじがり》」には鬼女《きじょ》が出《で》てくる。また、幕末《ばくまつ》に新撰組《しんせんぐみ》の屯所《とんしょ》が近《ちか》かった縁《えん》で、近藤勇《こんどういさみ》の遺髪塔《いはつとう》や新撰組隊士《しんせんぐみたいし》の墓《はか》がある。

宗源火
そうげんび

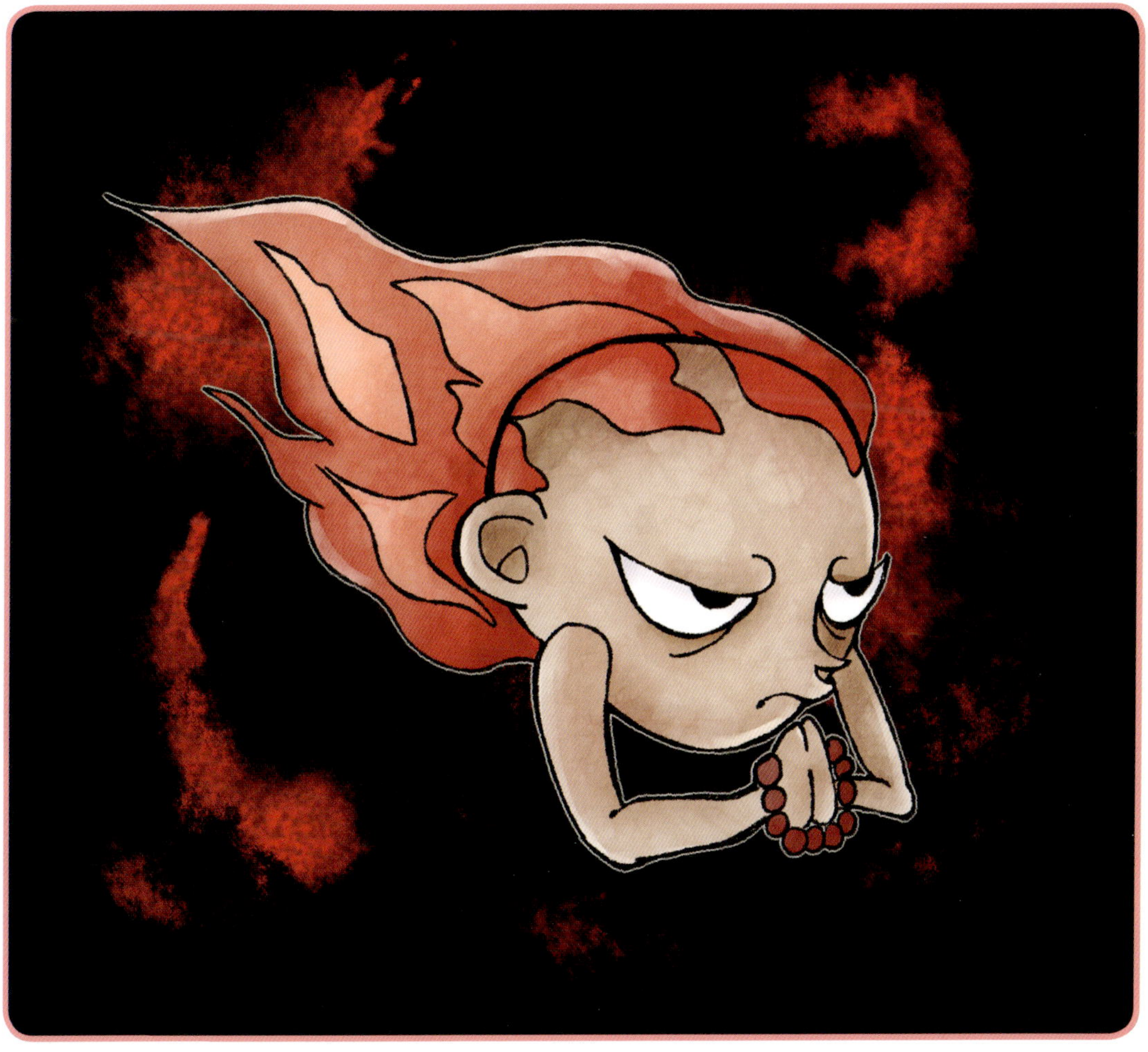

人魂《ひとだま》

あたしのハートは低空飛行《ていくうひこう》

心臓《しんぞう》が止《と》まっちゃったからといって、それですぐこの世《よ》にハイさようならってわけにはいかない、人間《にんげん》の感情《かんじょう》っていうか人《ひと》と人《ひと》との縁《えん》みたいなもんがあるじゃない？　だから、死《し》ぬ間際《まぎわ》から死《し》んでしばらくの間《あいだ》に、あたしがひとっ飛《と》びして、恋《こい》しい相手《あいて》の顔《かお》を見《み》にいってあげたり、サヨナラ、イママデアリガトウのあいさつ代《が》わりに、窓《まど》や雨戸《あまど》をたたいたりゆらしたりしてあげてきたのよぉ。あたしの働《はたら》きのおかげなのにさ、人間《にんげん》たちは「ムシの知《し》らせかしらねぇ。突然《とつぜん》ドンドンって音《おと》がして目《め》をさましたら、青《あお》〜い光《ひかり》の球《たま》がヒュ〜〜って飛《と》んだの」なんてしゃべってる。ねぇ、知《し》らせたのはムシじゃなくて、あ・た・し。

それは人魂《ひとだま》じゃなくて、リンが雨水《あまみず》の成分《せいぶん》と科学変化《かがくへんか》を起《お》こして発光《はっこう》するんだなんて噂《うわさ》もあるけど、科学的根拠《かがくてきこんきょ》はありませ〜ん。あたしは、あ・た・し。

歌舞伎舞台《かぶきぶたい》の常連《じょうれん》さん

・歌舞伎《かぶき》の世界《せかい》では、布《ぬの》きれや海綿《かいめん》に焼酎《しょうちゅう》をしみこませたものを「差《さ》し金《がね》」という道具《どうぐ》の先《さき》にとりつけ、火《ひ》をつけて舞台上《ぶたいじょう》でゆらし、人魂《ひとだま》に見《み》せる小道具《こどうぐ》がある。ちなみに、「幽霊《ゆうれい》」を妖怪《ようかい》と区別《くべつ》して、死《し》んだ人《ひと》がその人《ひと》の姿《すがた》や心《こころ》のままで出《で》てくるものとすることもある。

鬼火《おにび》

・怪《あや》しく光《ひか》る火《ひ》の玉《たま》は「鬼火《おにび》」といわれることもあるが、人間《にんげん》の恨《うら》み心《ごころ》が化《か》したものの場合《ばあい》は角《つの》をもった鬼《おに》とは無関係《むかんけい》で、人魂《ひとだま》のこと。西洋《せいよう》にも、罪《つみ》ある人《ひと》の魂《たましい》が化《か》した火《ひ》の玉《たま》の話《はなし》がある。

人魂
ひとだま

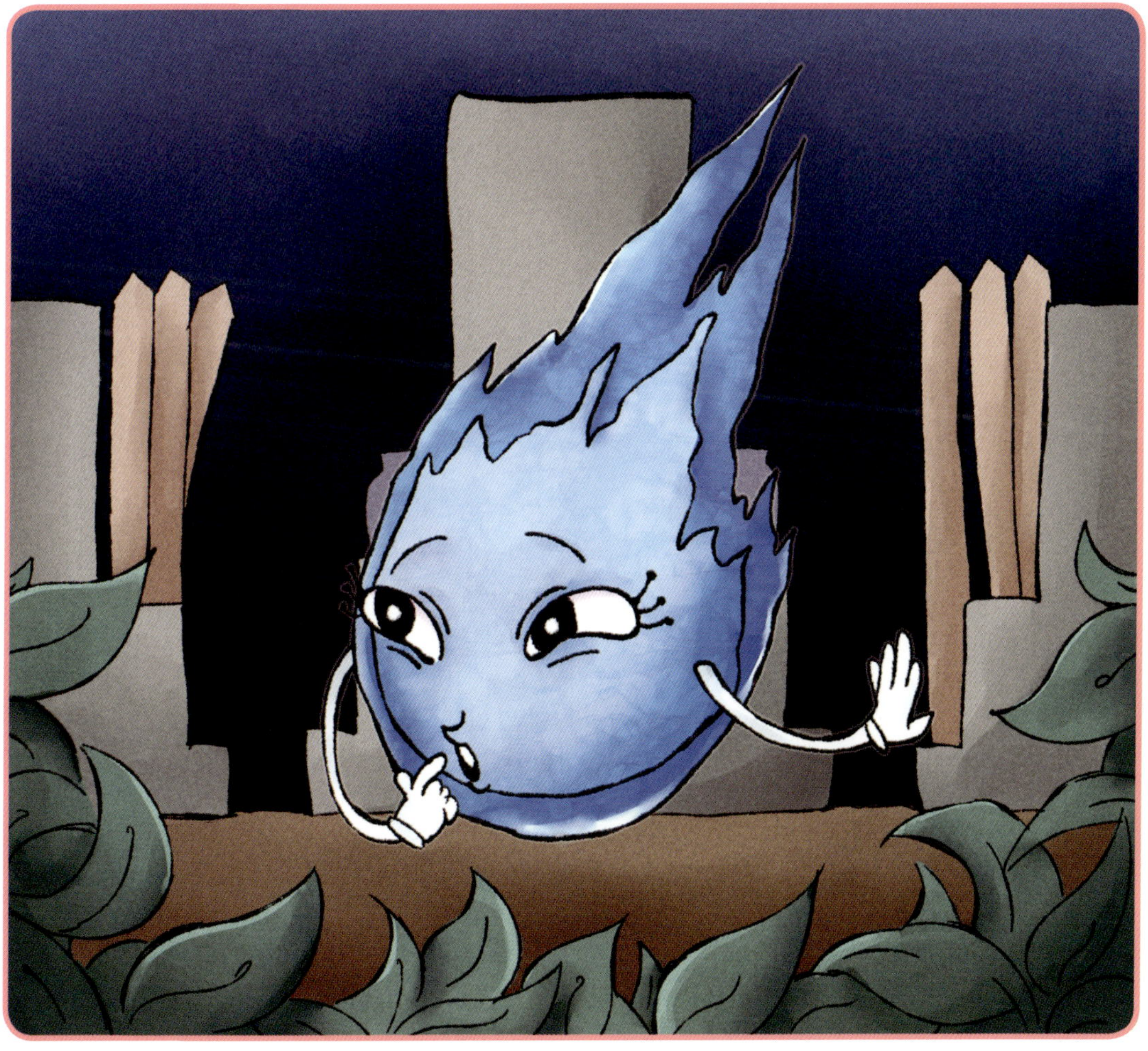

いったんもめん

空《そら》を飛《と》ぶのは、魔法《まほう》のじゅうたんばかりじゃありません

あたしは鹿児島《かごしま》の生《う》まれ。日《ひ》ごろは肝付町《きもつきちょう》の権現山《ごんげんやま》に住《す》んでいるのよぉん。出歩《である》く地域《ちいき》は限《かぎ》られててね、あたしの場合《ばあい》は、ふもとの四十九所神社《しじゅうくしょじんじゃ》を活《かつ》動《どう》の拠点《きょてん》にしてるのよん。でもねん、風《かぜ》に乗《の》って気《き》ままに飛《と》びまわるもんだからあ、夜遊《よあそ》びをしている子《こ》どもなんか見《み》つけちゃうと、ふいと舞《ま》い降《お》りていって、はらりと首《くび》にまとわりついて、息《いき》をできなくさせちゃうこともあるのよねえん。なにしろ、あたしってえ、木綿《もめん》の布《ぬの》だからさあ、化繊《かせん》にくらべるとすべりが悪《わる》くってえ、きゅうっとしめつけやすいのよお。日暮《ひぐ》れ以降《いこう》にちょこまか動《うご》いてると、あたしの目玉《めだま》がそれを見逃《みのが》せなくなっちゃうのよぉん。気《き》をつけてねえ。

あたしの身長《しんちょう》はさあ、10・6メートル。ウエストは30センチなわけえ。スリムな体《からだ》なんだけどお、首回《くびまわ》りもお尻回《しりまわ》りもぜえんぶ30センチなのが玉《たま》に瑕《きず》。だから人間《にんげん》に絡《から》みついて、ウエストしぼりこんでるわけなのお。これ、ひ・み・つよお。

木綿《もめん》の着物《きもの》がスタンダード

・木綿《もめん》は、ワタの種《たね》からとれる繊維《せんい》。江戸時代《えどじだい》、現在《げんざい》の愛知県《あいちけん》や大阪府《おおさかふ》には名高《なだか》いワタの産地《さんち》があり、木綿《もめん》が庶民《しょみん》の服装《ふくそう》やフトンの材料《ざいりょう》として広《ひろ》まった。三重県松阪《みえけんまつさか》（江戸時《えどじ》代《だい》には「松坂《まつさか》」）の木綿《もめん》は最高級《さいこうきゅう》ブランド品《ひん》とされた。

・木綿織物《もめんおりもの》には、まっ白《しろ》な白木綿《しろもめん》、2色以上《しょくいじょう》の染糸《そめいと》でしま模様《もよう》を織《お》る縞木綿《しまもめん》、ふつう1色《しょく》の染糸《そめいと》でかすり模様《もよう》をだす絣《かすり》などがある。

いったんもめん

のっぺらぼう

こんな顔《かお》、あ〜りませんか？　ありますか？

おらぁ、どこからどこまでが顔《かお》ってわけでもねぇし、どれが体《からだ》だっていうわけでもねぇ。正体不明《しょうたいふめい》なもんだから、みんながてんでに好《す》き勝手《かって》なこといってんどぉ。おらの呼《よ》び名《な》だってよぉ、ぬっぺっぽうとか、ぬっぺらぼうとか、ぬっぺほふ、ぬっぺふほふとかいろいろだぁ。どれも、なんだかなまってるようでねぇか？

おらぁの仲間《なかま》には、人間《にんげん》とおんなじ姿《すがた》をしながらその顔《かお》に目《め》も鼻《はな》も耳《みみ》もねぇもんもおってな、ふりむいて人間《にんげん》の度胆《どぎも》をぬくのを楽《たの》しんでるのもおるわいなあ。そうそう、ムジナやらキツネやらタヌキやらが、おらぁに化《ば》けて人間《にんげん》をだまくらかすこともあるんだってなあ。意外《いがい》とおらぁ、化《ば》けるのが好《す》きなだまくらかし動物《どうぶつ》たちの、あこがれモデルなのかもしんねぇなあ。

♠顔《かお》が広《ひろ》〜い妖怪《ようかい》のルーツ

・中国《ちゅうごく》の古《ふる》い書物《しょもつ》『荘子《そうし》』に出《で》てくる「混沌《こんとん》」は頭《あたま》に穴《あな》がない存在《そんざい》で、『集異記《しゅういき》』『異苑《いえん》』には、頭《あたま》に穴《あな》のない怪人《かいじん》の話《はなし》が出《で》ている。のっぺらぼうの源流《げんりゅう》といえよう。日本《にほん》には「混沌房《のっぺらぼう》」ということばが載《の》る江戸時代《えどじだい》なかごろの書物《しょもつ》があるが、これは単《たん》にデコボコがないさまをいい、妖怪《ようかい》のことではない。これよりあとに「ぬっぺりぼう」と呼《よ》ぶ妖怪《ようかい》にふれた本《ほん》が出《で》た。絵本《えほん》『画図百鬼夜行《がずひゃっきやこう》』に描《えが》かれた「ぬっぺっぽう」という名《な》の妖《よう》怪《かい》や、小泉八雲《こいずみやくも》の『怪談《かいだん》』の一話《いちわ》「むじな」に出《で》てくるのっぺらぼうもいる。

のっぺらぼう

海坊主《うみぼうず》

海底《かいてい》の伸《の》び～るあらくれ巨人《きょじん》

身《み》の丈数《たけすう》メートルとか、数十《すうじゅう》メートルといわれたりするが、そんなもん測《はか》ったこともないから、わしゃ知《し》らん。わしの姿《すがた》も、のっぺりした黒《くろ》い坊主頭《ぼうずあたま》といわれたり、ヒレや鱗《うろこ》のある半魚人《はんぎょじん》といわれたり。わしが海《うみ》の底《そこ》から立《た》ち上《あ》がるときは、大波大《おおなみおお》しぶきで海《うみ》は白《しろ》く泡立《あわだ》ってるもんで、自分《じぶん》の姿《すがた》など見《み》たこともないわ。

言《ゆ》うておくがな、わしは船幽霊《ふなゆうれい》とはちがって、人間《にんげん》どもの船《ふね》を難破《なんぱ》させようと暴《あば》れるのではない。たまたまわしが海面《かいめん》をかき分《わ》けて立《た》ちあがったときに、船《ふね》がそこにやってくるからいかんのだ。さしずめ、「漕《こ》いで嵐《あらし》に入《い》る漁船《ぎょせん》ども」ってところかのぉ。

これまで漁師《りょうし》たちとの間《あいだ》ではいろんなことがあったわなぁ。わしの苦手《にがて》はタバコの煙《けむり》。どこでそれを知《し》ったのか、漁師《りょうし》どもはタバコと煙管《きせる》を携《たずさ》えてわしに立《た》ち向《む》かってくることもある。こういう小《こ》ざかしいやつらには、かかわりたくないねぇ。

♠海坊主《うみぼうず》いろいろ

・江戸時代《えどじだい》の読物《よみもの》では、黒入道《くろにゅうどう》、船入道《ふなにゅうどう》という呼《よ》び名《な》もあらわれる。海坊主《うみぼうず》と書《か》かれた初期《しょき》の例《れい》では、大仏《だいぶつ》のように大《おお》きく、頭《あたま》の部分《ぶぶん》ははっきりわからないとされるが、さし絵《え》には、お坊《ぼう》さん（入道《にゅうどう》）のように丸《まる》い頭《あたま》の、のっぺらぼうな妖怪《ようかい》が描《か》いてある。また、海和尚《うみおしょう》というカメ型《がた》の海坊主《うみぼうず》は、ウミガメのこととされる。

・西洋《せいよう》の「シー・モンク」「シー・ビショップ」という修道僧《しゅうどうそう》のような半魚人《はんぎょじん》は、アザラシやアシカの仲間《なかま》、またはジュゴンの見《み》まちがいだといわれる。

海坊主
うみぼうず

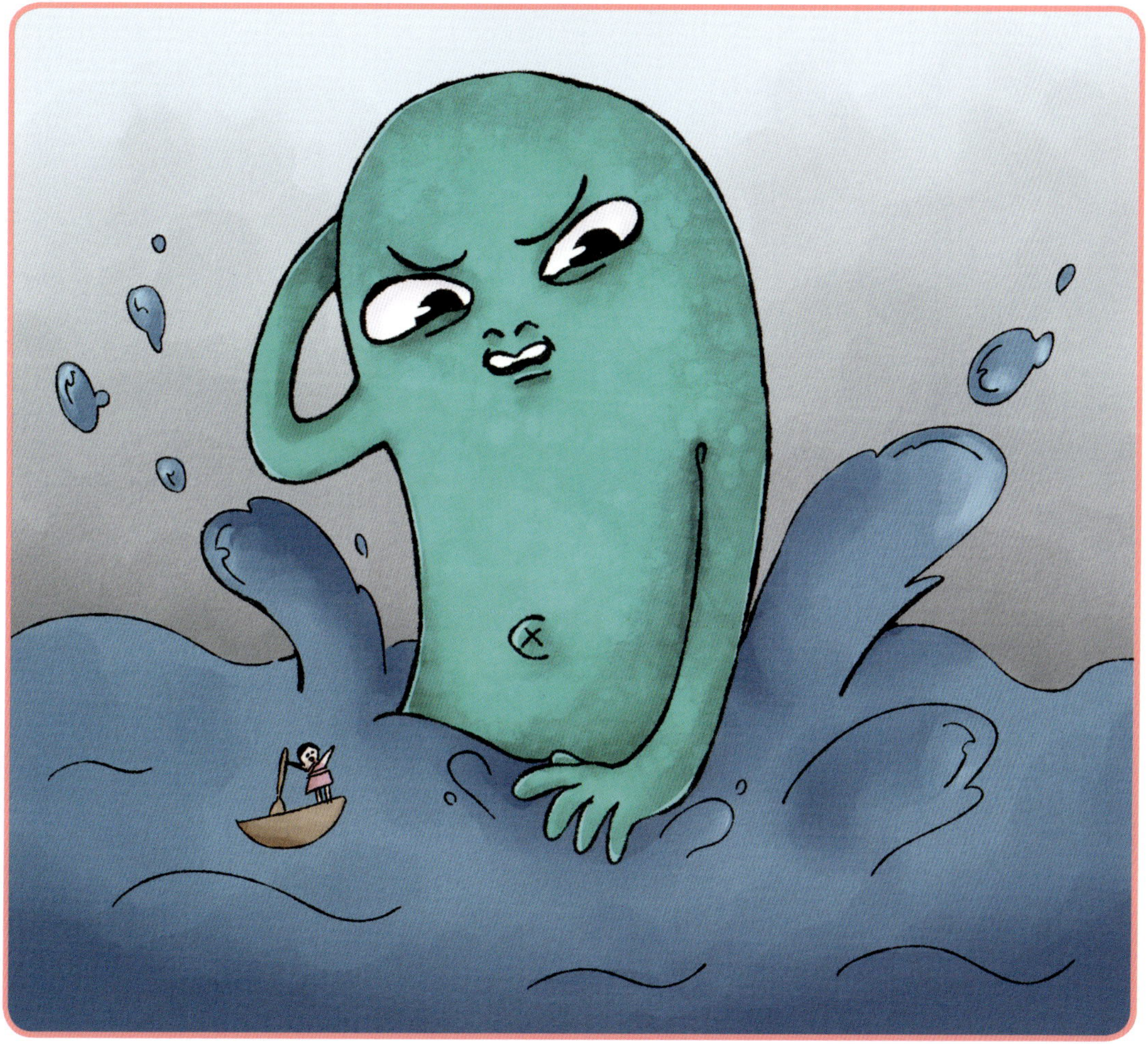

大《おお》ガマ

ガマに飛《と》び乗《の》り、正義《せいぎ》の忍術使《にんじゅつつか》い

わたしの名《な》は児雷也《じらいや》。江戸時代《えどじだい》に生《う》まれたスーパーヒーローだ。ガマ仙人《せんにん》の仙素道人《せんそどうじん》からさずかった秘術《ひじゅつ》で、大《おお》ガマをあやつる。巻物《まきもの》をくわえ、手《て》に印《いん》をむすび、大《おお》ガマの背中《せなか》でぱっと見栄《みえ》をきるわたしの姿《すがた》に、江戸《えど》っ子《こ》はヤンヤヤンヤの大《だい》かっさいさ。つやつやしてエッジがきいた巨大《きょだい》メカをあやつるのが、いまどきヒーローの流行《はやり》らしいが、ぜんぶわたしがそのルーツだ。

ライバルは、大蛇《だいじゃ》をあやつる大蛇丸《おろちまる》。味方《みかた》は大《おお》ナメクジをあやつるヒロイン綱手《つなで》だ。ところが、われらのあやつる3匹《びき》がそろうと、互《たが》いにフリーズしてしまう。いわゆる「三《さん》すくみ」だ。ガマは蛇《へび》をきらい、蛇《へび》はナメクジが、ナメクジはガマが苦手《にがて》、というワケなのでな。

すったもんだのドラマの中《なか》で、滅《ほろ》びたお家《いえ》の復興《ふっこう》と悪人退治《あくにんたいじ》に大活躍《だいかつやく》してきたぞ！　そうそう、天竺徳兵衛《てんじくとくべえ》という、外国帰《がいこくがえ》りの悪者《わるもの》も大《おお》ガマを使《つか》うので、彼《かれ》とわたしを混同《こんどう》しないでくれたまえよ。

♠三《さん》すくみ

・中国《ちゅうごく》の古《ふる》い資料《しりょう》ではナメクジではなくムカデだった。それが日本《にほん》に伝《つた》わり、江戸時代《えどじだい》にはナメクジに変《か》わった。室町時代《むろまちじだい》に、ムカデの仲間《なかま》のゲジゲジにあたる漢字《かんじ》をナメクジリと読《よ》んだ習慣《しゅうかん》が、ナメクジになった原因《げんいん》だともいわれる。このことを反映《はんえい》して、江戸時代《えどじだい》に行《おこな》われた「虫拳《むしけん》」というジャンケンのような遊《あそ》びでは、親指《おやゆび》をカエル、人差《ひとさ》し指《ゆび》を蛇《へび》、小指《こゆび》をナメクジとして、勝《か》ち負《ま》けを決《き》めた。

大《おお》ガマ

たぬき

風雅《ふうが》を好《この》むぽんぽこ妖怪《ようかい》

拙者《せっしゃ》、タヌキの中《なか》の賢人《けんじん》でござる。館林《たてばやし》（いまの群馬県内《ぐんまけんない》）にある茂林寺《もりんじ》にて暮《く》らしておるぞ。人間界《にんげんかい》での名《な》を守鶴《しゅかく》と申《もう》す。茶《ちゃ》の湯《ゆ》が好《す》きでの、寺《てら》の坊《ぼう》さんたちにも茶《ちゃ》をふるまっておる。拙者《せっしゃ》のたてる茶《ちゃ》のうまさのヒミツは、もちろん拙者《せっしゃ》の妖術《ようじゅつ》じゃ。茶釜《ちゃがま》に化《ば》けて、茶《ちゃ》に最適《さいてき》な湯《ゆ》をわかすのじゃ。いくらくんでも湯《ゆ》がつきないのは、拙者《せっしゃ》のパワーのおかげよ。

仲間《なかま》は夜《よる》におなかを太鼓《たいこ》がわりに鳴《な》らすぞ。証城寺《しょうじょうじ》（千葉県木更津市《ちばけんきさらづし》にある）のたぬき囃子《ばやし》のようにな。ところが、たぬきの世界《せかい》にもゴロツキがおって、お化《ば》けに変身《へんしん》して人《ひと》さまをおどかすやつもいる。また、世《よ》の中《なか》ではオスだぬきの体《からだ》の一部《いちぶ》が座敷《ざしき》いっぱいに広《ひろ》がるなどと、わしらのほうがはずかしくなる噂《うわさ》をする者《もの》もおる。どちらも困《こま》ったことじゃ。

♠日本《にほん》では「狸《り》」も「貉《かく》」もタヌキ

・もともと中国《ちゅうごく》では「狸《り》」の字《じ》はヤマネコで、「貉《かく》」の字《じ》がタヌキをさした。ところが日本《にほん》では、中世《ちゅうせい》までには「狸《り》」の字《じ》はタヌキのことになり、「貉《かく》」の字《じ》は「むじな」と読《よ》んでアナグマとタヌキ両方《りょうほう》にあてた。「貉《かく》」が化《ば》ける話《はなし》がすでに『日本書紀《にほんしょき》』にあったうえに、「狸《り》」が化《ば》ける中国《ちゅうごく》の話《はなし》が伝《つた》わると、日本《にほん》に化《ば》けダヌキの話《はなし》が増《ふ》え、佐渡《さど》の団《だん》三郎《ざぶろう》、阿波《あわ》の金長《きんちょう》などの人気者《にんきもの》まで登場《とうじょう》した。

♠信楽焼《しがらきや》きの酒買狸《さけかいだぬき》

・人気《にんき》のある焼《や》き物《もの》ダヌキのモデルは、鳥山石燕《とりやませきえん》の描《えが》く「酒買獺《さけかいかわうそ》」と、それに関係《かんけい》するらしい「豆腐小僧《とうふこぞう》」という妖怪《ようかい》。

たぬき

のづち

蛇《へび》じゃないのよ、虫《むし》でもないのよ、口《くち》から出《で》まかせじゃないわ

あたしのルーツは草《くさ》の神《かみ》カヤノヒメ、山野《さんや》の精《せい》なの。身《み》の丈《たけ》およそ1メートル、胴回《どうまわ》りは60センチくらいのコンパクトボディ。目《め》や鼻《はな》はないけど、頭《あたま》のてっぺんについたパックリ口《ぐち》がチャームポイント。野山《のやま》にすんでいるリスや子《こ》ウサギをこの口《くち》で飲《の》み込《こ》んで生《い》きてるの。おなかがすいたときには、人間《にんげん》だっていただいちゃうわよん。

あたしの得意技《とくいわざ》は、坂道《さかみち》ごろごろ。山《やま》の木《き》の穴《あな》に潜《ひそ》んでいて、人間《にんげん》を見《み》つけるとごろごろころがっていくのよん。ころがってきたあたしにぶつかると、それだけで人間《にんげん》たちは死《し》んじゃうから、覚悟《かくご》あそばせ。

ねぇねぇ、さいきんじゃ、幻《まぼろし》の生物《せいぶつ》ツチノコがあたしの正体《しょうたい》じゃないかって噂《うわさ》もあるらしいわね。冗談《じょうだん》じゃないわ。あっちがあたしをまねたのよ。だって、坂道《さかみち》ごろごろなんて、あたしにしかできっこないでしょ。

♠ツチノコはいるか?

・妖怪《ようかい》のづちは、特徴《とくちょう》からすれば、UMA《ユーマ》（未確認動物《みかくにんどうぶつ》）のツチノコにそっくりだ。ツチノコには、バチヘビをはじめ地域《ちいき》によっていろいろな呼《よ》び名《な》があるものの、田辺聖子《たなべせいこ》の新聞小説《しんぶんしょうせつ》『すべってころんで』の影響《えいきょう》で、「ツチノコ」の呼《よ》び名《な》が全国《ぜんこく》に広《ひろ》まった。

・岐阜県東白川村《ぎふけんひがししらかわむら》には、「つちのこ館《かん》」という資料館《しりょうかん》がある。新潟県糸魚川市《にいがたけんいといがわし》では、2006（平成《へいせい》18）年以来《ねんいらい》「つちのこ探検隊《たんけんたい》」を企画《きかく》していて、1億円《おくえん》の捕獲賞金《ほかくしょうきん》が用意《ようい》されている。動物学上《どうぶつがくじょう》の見解《けんかい》では妊娠《にんしん》したマムシやヤマカガシが正体《しょうたい》だなどとされるが、真相《しんそう》はわからない。

のづち

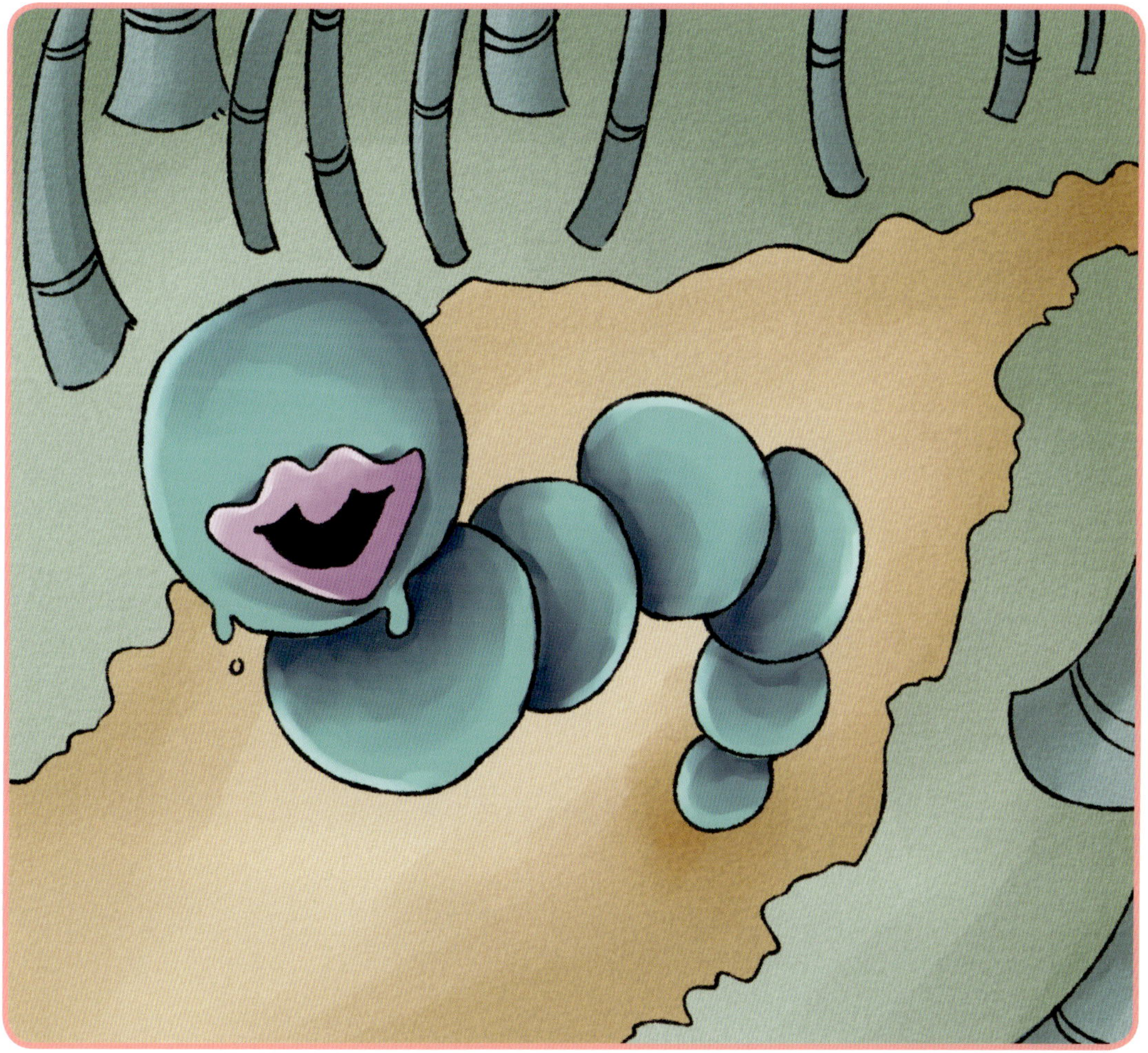

3章《しょう》

ドデカ&《アンド》ちっちゃ系《けい》

ほにゅう類《るい》には、小《ちい》さなネズミから大《おお》きなクジラまで、さまざまなサイズのものがいますね。妖怪《ようかい》も同《おな》じ。ドデカいものは、それこそモンスター級《きゅう》で、想像《そうぞう》をこえてしまう大《おお》きさです。反対《はんたい》に、小《ちい》さな妖怪《ようかい》たちもいて、マスコット的《てき》キャラとして人気者《にんきもの》になっているメンバーも少《すく》なくありません。おもしろいことに、大《おお》きいからといって、みんな無《む》敵《てき》で不死身《ふじみ》なわけじゃない。小《ちい》さいからといって、あなどることもできません。大《だい》小《しょう》のものさしだけですべては測《はか》れないということが、妖怪《ようかい》に関《かん》してもいえるのです。

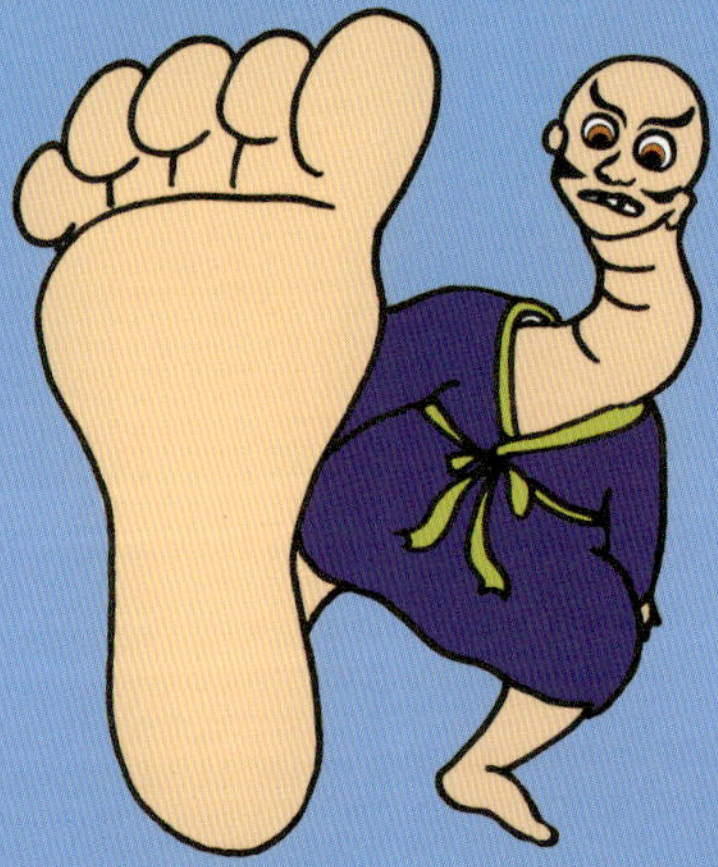

シルエットクイズ3 わたしはだれ？（答《こた》えは94、95ページ）

③

にらめっこならだれにも負《ま》けない

①

超《ちょう》ジャイアント級《きゅう》レスラー

④

恨《うら》みを食《た》べても蝶《ちょう》にはなれません

②

ヒレの干物《ひもの》がいっぱいとれるぞぉ〜

ダイダラボッチ

山《やま》づくり湖沼《こしょう》づくりの、不器用《ぶきよう》な土木職人《どぼくしょくにん》

おらのことは、土盛《つちも》って富士山《ふじさん》こさえたことがいちばんの手柄《てがら》みてぇにいわれてるけんど、そんなたいしたもんじゃあねぇだよ。あんまし融通《ゆうずう》がきかねぇたちなもんでよぉ、こさえた富士山《ふじさん》の土《つち》を少《すこ》～しばかりもらって浅間山《あさまやま》のために運《はこ》んでるうち、その土《つち》が少《すく》ねぇって浅間山怒《あさまやまおこ》らせちまってよ、腕《うで》っこたたかれたもんで、うっかりその土《つち》こぼしちまった。富士山《ふじさん》と筑波山《つくばさん》を両《りょう》てんびんにかけてて、そのつる切《き》っちまったこともある。まだまだあるど。足踏《あしふ》んばって歩《ある》くもんだから、あっちこっちに足跡《あしあと》つけちまう。そういうので日本中《にほんじゅう》の山《やま》やら湖《みずうみ》やら盆地《ぼんち》をつくっちまったんだよぉ。

おら、素足《すあし》で歩《ある》きまわるもんだからよ、足《あし》っぺたが泥《どろ》だらけになるべ。利根《とね》川《がわ》や鬼怒川《きぬがわ》には、足洗《あしあら》わせてもらうんでさんざん世話《せわ》になってる。人間《にんげん》のことも、おら嫌《きら》っちゃいねぇよ。とくにわらしこは、めんこくて、なんとしても守《まも》ってやりてぇなぁ。

♠日本《にほん》の巨人《きょじん》ア・ラ・カルト

・『常陸国風土記《ひたちのくにふどき》』には、食《た》べた大《おお》ハマグリの殻《から》で岡《おか》をきずいた巨人《きょじん》が出《で》る。九州《きゅうしゅう》には大《おお》人弥五郎《ひとやごろう》、沖縄《おきなわ》にはアマンチュウという巨人《きょじん》の伝説《でんせつ》が残《のこ》る。巨人伝説《きょじんでんせつ》が地名《ちめい》に反映《はんえい》した例《れい》には、東京都世田谷区《とうきょうとせたがやく》の代田《だいた》、さいたま市《し》の太田窪《だいたくぼ》などがある。

♠ダイダラボッチと製鉄《せいてつ》

・「ダイダラ」を「たたら」ということばにからめる説《せつ》もある。たたらとは、製鉄《せいてつ》のとき炉《ろ》に風《かぜ》を送《おく》る「ふいご」という道具《どうぐ》、また砂鉄《さてつ》を溶《と》かす炉《ろ》のこと。

ダイダラボッチ

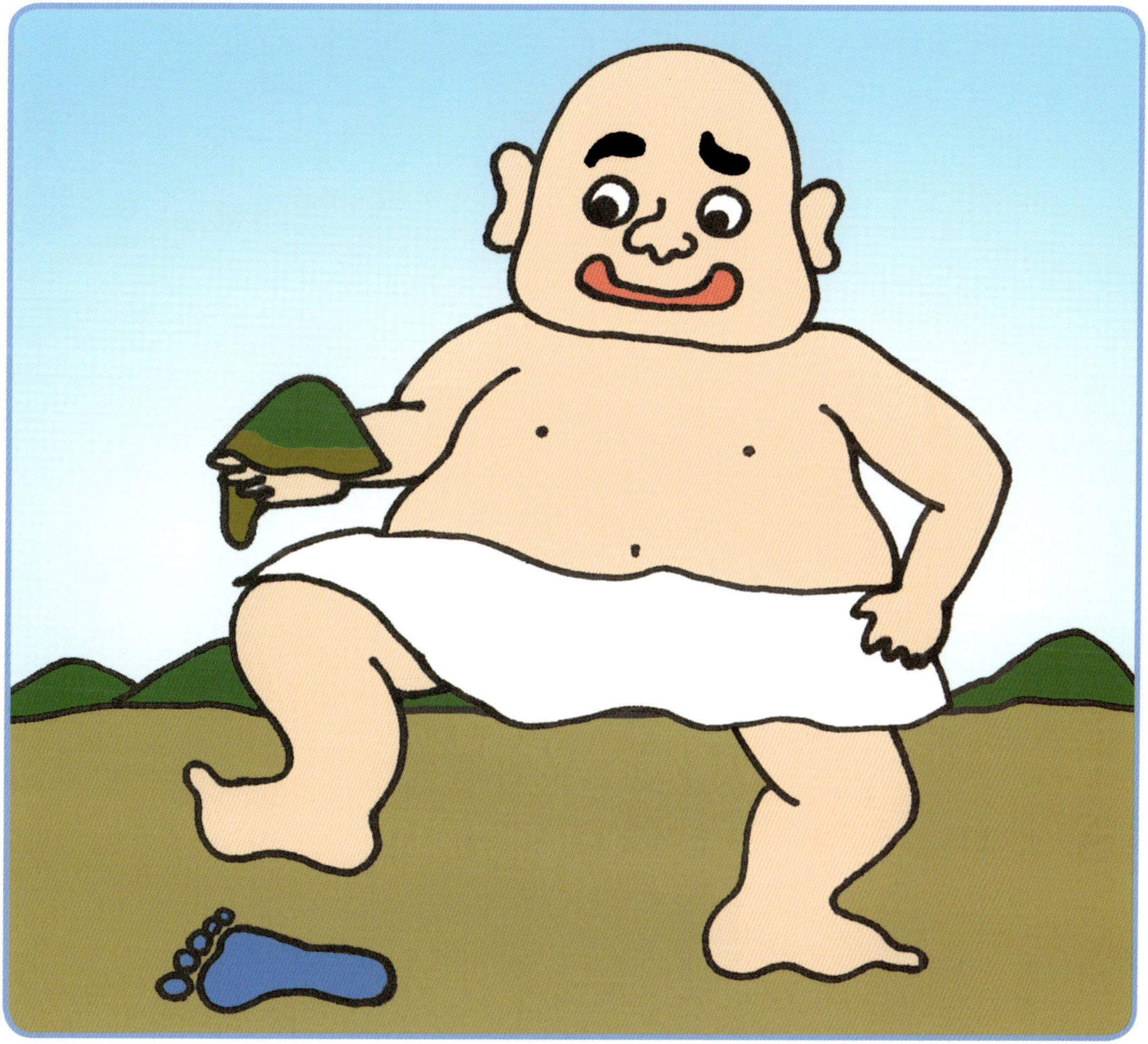

見越入道《みこしにゅうどう》

わしを見下《みお》ろすぐらいの強気《つよき》で、かかってこぉい

わしの体《からだ》は変貌自在《へんぼうじざい》。どこまででん、大《おお》きゅうなることもできる。わしを見《み》た人間《にんげん》どもの反応《はんのう》はいろいろよ。わしを足《あし》の先《さき》から頭《あたま》のてっぺんまで見上《みあ》げてくるやつらは気《き》にくわん。逆《ぎゃく》に、ぶるぶる震《ふる》えて動《うご》けんようになる臆病者《おくびょうもの》も、見《み》なかったふりして黙《だま》って通《とお》りすぎようとするやつも生《い》かしてはおけん。みんな食《く》らいついて喉《のど》を掻《か》っ切《き》って殺《ころ》してやるわい。じゃが、なかには気丈《きじょう》な人間《にんげん》もおる。わしを見《み》つけるやいなや高《たか》いところにのぼって、上《うえ》から下《した》へ見下《みお》ろしてくるやつがおる。それから、口先《くちさき》だけのことではあるが「見《み》越《こ》したぞ」「見抜《みぬ》いたぞ」と強気《つよき》で言《い》い寄《よ》る度胸《どきょう》もんもおる。こういうやつらは、なかなかにおもしろいので、殺《ころ》さず生《い》かしておくことにしておる。

田舎《いなか》のほうじゃぁ、タヌキやらイタチやらキツネやらが、ようわしに化《ば》けて人間《にんげん》どもをからかうとも聞《き》くが、わしゃあ便所《べんじょ》に潜《ひそ》んで女《おんな》の尻《しり》をからかうような姑息《こそく》なまねはせん。わしは基本《きほん》、アウトドア派《は》じゃからの。

祭《まつ》りからゲームまで、人気《にんき》です

・坊主頭《ぼうずあたま》の大《おお》きな妖怪《ようかい》に「大入道《おおにゅうどう》」がいる。三重県四日市市諏訪神社《みえけんよっかいちしすわじんじゃ》の祭《まつ》りに出《で》る山車《だし》の大入道《おおにゅうどう》は首《くび》が長《なが》くのびて、まるで見越入道《みこしにゅうどう》である。見越入道《みこしにゅうどう》は、江戸時代《えどじだい》の後期《こうき》になると長《なが》い首《くび》で描《えが》かれるようになり、三《み》つ目《め》のこともある。彼《かれ》が妖怪《ようかい》のボスキャラとして活躍《かつやく》する絵本《えほん》も出《で》た。

・江戸時代《えどじだい》には「からくり的《まと》」というゲームがあって、ふき矢《や》が的《まと》にあたると見越入道《みこしにゅうどう》などの妖怪《ようかい》のつくりものが飛《と》びだす仕掛《しか》けがされていた。

見越入道
　　みこしにゅうどう

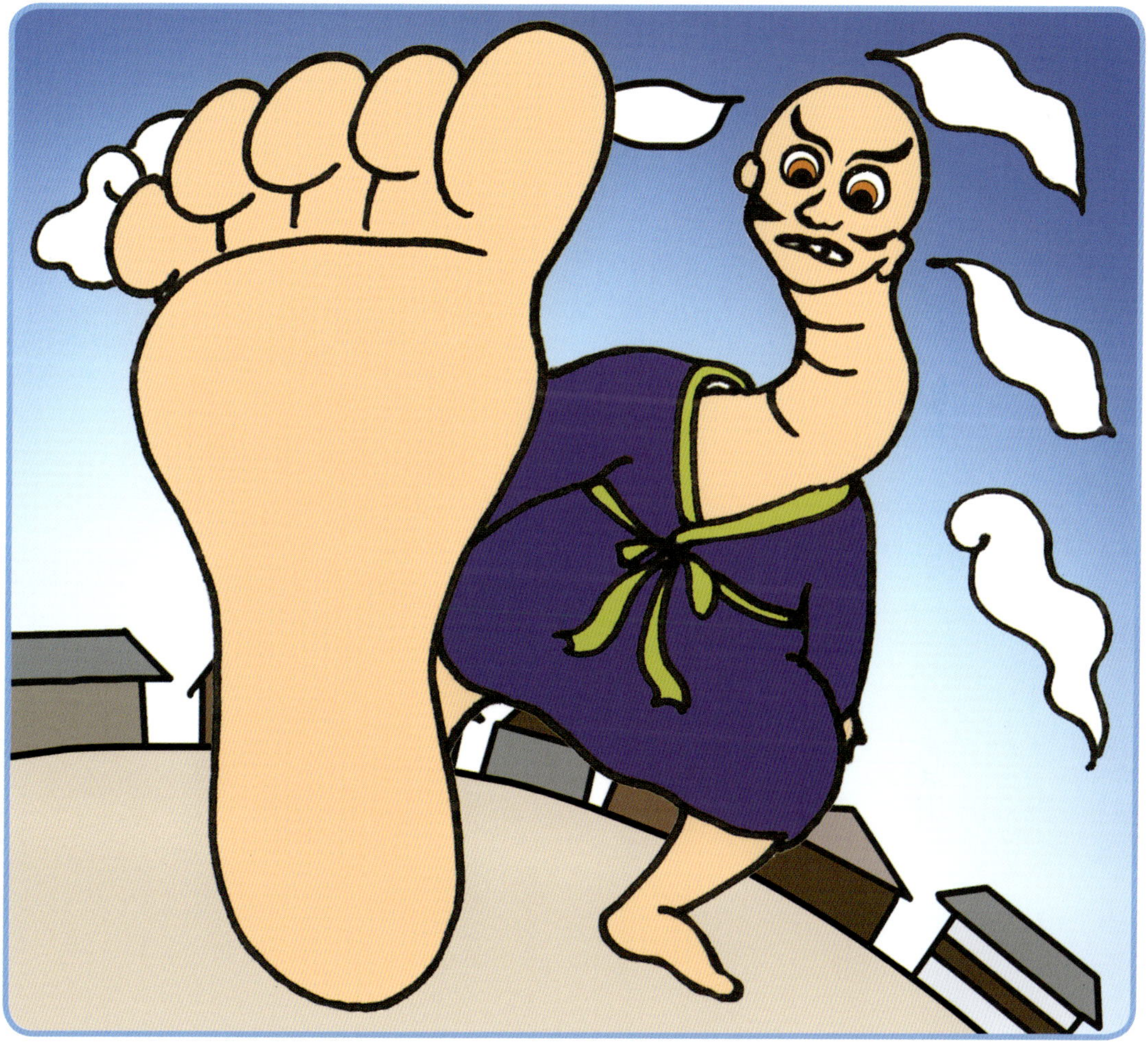

赤《あか》えい

海中《かいちゅう》の巨大《きょだい》じゅうたん！

おぬしら人間《にんげん》は、わたしの親類《しんるい》たちのヒレだけを酒《さけ》のつまみにするというではないか。ばかにするにもほどがあるわい。わたしを見《み》れば、そんな気《き》はおこるまい。いや、おぬしらちっぽけな人間《にんげん》には、あの小《こ》うるさい空飛《そらと》ぶ機械《きかい》でも使《つか》わんと、わたしをまともに見《み》ることさえできないはずだ。わたしの体《からだ》は、おぬしらの使《つか》う単位《たんい》でいえば12キロメートル以上《いじょう》もあるのだからな。

まぬけな漁師《りょうし》どもが、海面《かいめん》に浮《う》かぶわたしの背中《せなか》に上陸《じょうりく》して、生《は》えておるサンゴや海藻《かいそう》を見《み》ては陸地《りくち》の草木《くさき》とまちがえ、くぼみに魚《さかな》が泳《およ》いでおるのを見《み》てはビックリしよる。まったく、吹《ふ》きだしそうになるわ。笑《わろ》うておるうちはよいが、もし、わたしが機嫌《きげん》をそこねて沈《しず》めば、船《ふね》ごと大海《たいかい》のもくずになるぞ。

西洋《せいよう》の海《うみ》には、クラーケンとかアスピドケロンとかいう、わたしに似《に》た仲間《なかま》がおる。いずこの海《うみ》も、ゆだんは禁物《きんもつ》じゃ。

♠魚《さかな》のアカエイは食《た》べたらうまい

・こちらのアカエイはサメ、ギンザメの仲間《なかま》とともに軟骨魚類《なんこつぎょるい》で、タイやマグロなどの硬《こう》骨魚類《こつぎょるい》とはちがうグループの魚《さかな》。大《おお》きさは、尾《お》をふくめて2メートルくらいが最大級《さいだいきゅう》。韓国《かんこく》ではヒレがおいしく、日本《にほん》では、ひものやくんせい、煮《に》こごりにして酒《さけ》の供《とも》にする。韓国では、身《み》や肝《きも》をさしみで食《た》べる。

・尾《お》に毒《どく》のあるトゲがついているので、海《うみ》で見《み》かけたときには要注意《ようちゅうい》。

赤《あか》えい

土《つち》ぐも

われわれは長《なが》いものに巻《ま》かれたりしない。逆《ぎゃく》に巻《ま》きつけてやるわ

われわれは、どんな目《め》にあっても時《とき》の権力《けんりょく》や皇族《こうぞく》の配下《はいか》にはならんし、そのようなものに屈服《くっぷく》したりも断《だん》じてしないのである。あぁ、そういうやからを見《み》ると体《からだ》がムズムズするわい。そういえば、いにしえの昔《むかし》、長崎平戸《ながさきひらど》で屈辱《くつじょく》的《てき》な事件《じけん》があった。景行天皇《けいこうてんのう》が行幸《ぎょうこう》してわれら一族《いちぞく》をひっとらえ、仲間《なかま》の大《おお》耳《みみ》一族《いちぞく》をおどして地面《じめん》にひれ伏《ふ》させ、改心《かいしん》して忠誠《ちゅうせい》をつくすと言《い》わせたという。あぁなんという一族《いちぞく》の汚点《おてん》であろう。

日《ひ》ごろは山奥深《やまおくふか》くに隠《かく》れ住《す》んでおり、旅人《たびびと》を見《み》つけると口《くち》から吐《は》き出《だ》すねばねばの糸《いと》でがんじがらめに縛《しば》り、締《し》めつけ殺《ころ》す。鬼《おに》のツラに虎《とら》の胴体《どうたい》をもつわが姿《すがた》を見《み》つけたら、観念《かんねん》するがよい。見《み》つけた獲物《えもの》はけっして逃《に》がすものか。

♠おとしめられた人《ひと》びと

・古代《こだい》の文学《ぶんがく》では、天皇《てんのう》に逆《さか》らう豪族《ごうぞく》のことを悪《わる》くいういい方《かた》が「土《つち》ぐも」だった。だから、背《せ》が低《ひく》いのに手足《てあし》が長《なが》いとか、岩穴《いわあな》に住《す》むとか、クモを連想《れんそう》させる特徴《とくちょう》で語《かた》られる。しかし『肥前国風土記《ひぜんのくにふどき》』には女性《じょせい》をボスとした土《つち》ぐも族《ぞく》が描《えが》かれ、なかでも「佐《さ》賀《が》」の地名《ちめい》の由来《ゆらい》になったという土《つち》ぐも族《ぞく》のふたりの女性《じょせい》は有名《ゆうめい》だ。奈良県《ならけん》の葛城《かずらき》の地名《ちめい》にかかわる土《つち》ぐもは、謡曲《ようきょく》『土蜘蛛《つちぐも》』に妖怪《ようかい》として出《で》てくる。

・王権《おうけん》に成敗《せいばい》された人《ひと》びとが、時代《じだい》がくだるにつれて文学《ぶんがく》の中《なか》で妖怪《ようかい》にされてしまうところに、日本《にほん》の歴史《れきし》の暗《くら》い側面《そくめん》、征服《せいふく》された側《がわ》の悲《かな》しい運命《うんめい》が読《よ》みとれる。

土《つち》ぐも

目《め》くらべ

まっ黒《くろ》い瞳《ひとみ》で、人間《にんげん》の魂《たましい》を射抜《いぬ》いてくれるわ

わしは、無念《むねん》の思《おも》いで死《し》んだ者《もの》たちの亡骸《なきがら》である「しゃれこうべ」が寄《よ》り集《あつ》まったもんじゃ。おのれの死《し》を受《う》け入《い》れられぬ無数《むすう》のしゃれこうべたちが、野《の》ざらしになったその場所《ばしょ》で、右《みぎ》に左《ひだり》に、上《うえ》へ下《した》へところがり、這《は》い回《まわ》っておる。彼《かれ》らの怨念《おんねん》がひとつに集《あつ》まり、突拍子《とっぴょうし》もないどでかい「どくろ」へと姿《すがた》を変《か》えたのが、わしじゃ。そうしておいて、しゃれこうべたちのぽっかりあいたまっ黒《くろ》な絶望《ぜつぼう》の瞳《ひとみ》から、人間《にんげん》を射殺《いころ》す光《ひかり》の矢《や》を放《はな》つのだ。このまっ黒《くろ》な瞳《ひとみ》でにらまれた者《もの》で、生《い》きて帰《かえ》った者《もの》はおらぬ。ただひとりの例外《れいがい》をのぞけばな。

腹立《はらだ》たしい、そやつこそ、太政大臣《だいじょうだいじん》平 清盛《たいらのきよもり》。やつは福原京《ふくはらきょう》の庭先《にわさき》でわしを見《み》つけおったが、臆《おく》せずわしの目玉《めだま》のない目《め》の穴《あな》の奥《おく》をにらみ返《かえ》してきた。あんな豪胆《ごうたん》なやつは初《はじ》めてじゃった。

♠強敵《きょうてき》、平 清盛《たいらのきよもり》！

・平氏《へいし》の全盛時代《ぜんせいじだい》をきずいた平安時代《へいあんじだい》の武士《ぶし》。武士《ぶし》で最初《さいしょ》に太政大臣《だいじょうだいじん》にまで出世《しゅっせ》し、娘《むすめ》が高倉天皇《たかくらてんのう》の中宮《ちゅうぐう》になって産《う》んだ皇太子《こうたいし》は、満《まん》1歳《さい》と5か月《げつ》で即位《そくい》した（安徳天皇《あんとくてんのう》）。中国《ちゅうごく》（宋《そう》）との交易《こうえき》を進《すす》めるため、現在《げんざい》の神戸市《こうべし》の一角《いっかく》にあった大輪田泊《おおわだのとまり》に大《おお》がかりな手《て》を加《くわ》え、海上交通《かいじょうこうつう》、日宋貿易《にっそうぼうえき》の拠点《きょてん》とし、経ケ島《きょうがしま》という人工島《じんこうとう》づくりにも挑戦《ちょうせん》した。いまでは世界文化遺産《せかいぶんかいさん》に登録《とうろく》されている厳島神社《いつくしまじんじゃ》も整《ととの》えた。都《みやこ》を福原《ふくはら》（現在《げんざい》の神《こう》戸市《べし》にあった）に移《うつ》すなど、強引《ごういん》な政治《せいじ》が、皇室《こうしつ》はじめ貴族《きぞく》や大寺院《だいじいん》の恨《うら》みをかい、敵《てき》対《たい》する源氏《げんじ》の勢力《せいりょく》に攻《せ》められるなか、数《かぞ》え年《どし》64歳《さい》で亡《な》くなった。

目《め》くらべ

コロボックル

小《ちい》さいからって、心《こころ》はちっぽけなんかじゃない

たしかにぼくら、小《ちい》さいです。ぼくらの棲《す》んでいた北海道《ほっかいどう》や南千島《みなみちしま》や樺太《からふと》にあとから住《す》みついたアイヌは、ぼくらに「蕗《ふき》の葉《は》の下《した》の人《ひと》」という意味《いみ》のこの名《な》をくれたぐらいだからね。でも、ぼくらはすばしっこいし、シカや魚《さかな》をつかまえるのもお手《て》のもの。竪穴住居《たてあなじゅうきょ》をねぐらに、土器《どき》もつくれる。人間《にんげん》たちと対等《たいとう》に生《い》きる知恵《ちえ》も誇《ほこ》りも失《な》くさずに生《い》きてきました。

だけどね、人前《ひとまえ》に出《で》るのだけはとっても苦手《にがて》。だから、アイヌたちとの交《こう》流《りゅう》も、いつも姿《すがた》の見《み》えない夜《よる》だけ。

ぼくたちは約束《やくそく》を必《かなら》ず守《まも》る。裏切《うらぎ》らない。だから、このぼくたちの誇《ほこ》りを傷《きず》つけるような振《ふ》る舞《ま》いをされると、相手《あいて》がだれだって、けっして許《ゆる》さない。

♠小《ちい》さな神《かみ》さま

・日本《にほん》の神話《しんわ》に出《で》てくるスクナビコナは、小《ちい》さな体《からだ》の神《かみ》だが、オホナムチと力《ちから》を合《あ》わせて国《くに》づくりをした。この神《かみ》は農耕《のうこう》にかかわる神《かみ》で、酒《さけ》づくりや温泉《おんせん》、医療《いりょう》などにも関係《かんけい》する。小《ちい》さい体《からだ》に大《おお》きな能力《のうりょく》を持《も》ちあわせた存在《そんざい》で、コロボックルとも通《つう》じるものがある。

♠コロボックル論争《ろんそう》

・明治時代《めいじじだい》のなかば、北海道《ほっかいどう》にはアイヌの人《ひと》びとよりも前《まえ》にコロボックルが住《す》んでいて、札幌周辺《さっぽろしゅうへん》に残《のこ》る竪穴住居《たてあなじゅうきょ》を残《のこ》したという説《せつ》が出《だ》され、論争《ろんそう》をよんだ。

コロボックル

お菊虫《きくむし》

一寸《いっすん》の虫《むし》にも五分《ごぶ》の怨念《おんねん》

あたいたちさぁ、ようするにお菊《きく》さんの恨《うら》み虫《むし》なわけよぉ。お菊《きく》さんってだれかって？ それがね、ひとりじゃなくて、屋敷奉公《やしきぼうこう》しながら密偵《みってい》の任《にん》を命《めい》じられたお菊《きく》さんは、全国《ぜんこく》にいっぱいいるの。彼女《かのじょ》たちは、運悪《うんわる》く敵方《てきがた》に見《み》つかると、いびられて、皿《さら》を隠《かく》されて管理責任《かんりせきにん》を問《と》われ、切《き》り殺《ころ》されて井戸《いど》の中《なか》に打《う》ち捨《す》てられちゃった。男《おとこ》たちの政権争《せいけんあらそ》いの巻《ま》きぞえを食《く》った弱《よわ》い女《おんな》たちの、死《し》んでも死《し》にきれない悔《くや》しさ口惜《くちお》しさが、あたいたちに託《たく》されてるんだわよ。

あたいたちの正体《しょうたい》を生物学的《せいぶつがくてき》に解明《かいめい》すれば、ジャコウアゲハの幼虫《ようちゅう》なんですってぇ。名前《なまえ》なんてどうでもいいけどさぁ、あたいたちの武器《ぶき》は、自分《じぶん》のおなかの中《なか》に食《た》べた葉《は》っぱの毒《どく》をためこむことなの。そして、あたいを食《た》べにきたおろかな者《もの》どもは、あたいたちを食《た》べることでこの毒《どく》にやられちゃう。いっぺんでもこの毒《どく》にやられた者《もの》は、二度《にど》とあたいたちに近《ちか》づけないのよ。ふふふ、どう？ 弱《よわ》い女《おんな》だって見《み》くびって、あとで痛《いた》い目《め》にあっても知《し》らないから。

番町《ばんちょう》と播州《ばんしゅう》　2大皿屋敷伝説《だいさらやしきでんせつ》

- 皿《さら》にまつわる怪談話《かいだんばなし》は、播州《ばんしゅう》（現在《げんざい》の兵庫県《ひょうごけん》）ゆかりで、1720（享保《きょうほう》5）年《ねん》に京都《きょうと》で歌舞伎化《かぶきか》された。1741（寛保元《かんぽうがん》）年《ねん》には、大坂《おおざか》で浄瑠璃《じょうるり》『播州皿屋敷《ばんしゅうさらやしき》』が上演《じょうえん》される。この作品《さくひん》が評判《ひょうばん》をとり、お菊虫《きくむし》が姫路《ひめじ》みやげになるほどに。
- 江戸《えど》では、先《さき》の歌舞伎《かぶき》よりもはやく、皿屋敷《さらやしき》の話《はなし》に近《ちか》いものが読《よ》み物《もの》で出《で》ていて、その後《ご》1758（宝暦《ほうれき》8）年《ねん》には、青山主膳役宅《あおやましゅぜんやくたく》におつかえする女性《じょせい》・お菊《きく》にまつわる怪談本《かいだんぼん》が書《か》かれた。「番町皿屋敷《ばんちょうさらやしき》」と呼《よ》ばれる話《はなし》のルーツだ。
- 皿屋敷《さらやしき》の話《はなし》では、お菊《きく》が皿《さら》を「1ま〜い、2ま〜い」とかぞえる場面《ばめん》が有名《ゆうめい》。

お菊虫
_{きくむし}

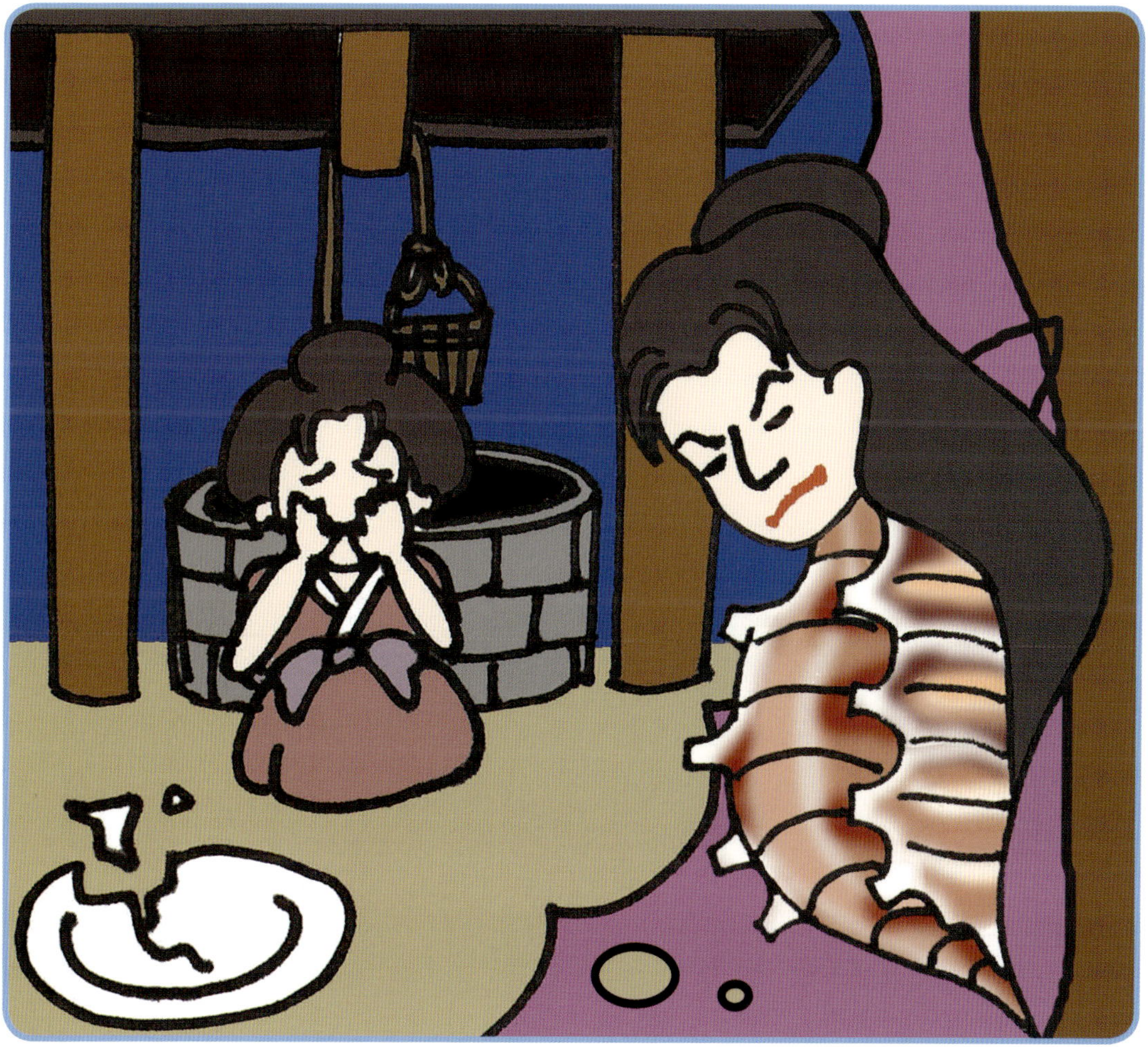

硯《すずり》の魂《たましい》

源平《げんぺい》の箱庭合戦《はこにわがっせん》！

わしは、宋《そう》の時代《じだい》の中国《ちゅうごく》の皇帝《こうてい》から平清盛《たいらのきよもり》に贈《おく》られた、由緒《ゆいしょ》ある硯《すずり》じゃ。この国《くに》にやってきてどれほど、権力《けんりょく》と名誉《めいよ》を盾《たて》にした戦《たたか》いの醜《みにく》さを身《み》をもって感《かん》じてきたことか……。

わしはどの戦《たたか》いにあっても、どちらかの軍《ぐん》に加担《かたん》する思《おも》いなどなかった。むしろ戦《たたか》いが終《お》わったあと、その記録《きろく》を忠実《ちゅうじつ》に残《のこ》そうとする者《もの》たちのために、この身《み》を捧《ささ》げてきた。じゃが、赤間関《あかまがせき》を舞台《ぶたい》にした源平合戦《げんぺいがっせん》での平氏《へいし》の無念《むねん》だけは納《おさ》まることがなかった。わしのこの黒々《くろぐろ》とした墨《すみ》の体《からだ》の上《うえ》に、源氏《げんじ》と平氏《へいし》の両陣営《りょうじんえい》がわらわらと湧《わ》きあがり、ざぶりざぶりと打《う》ち寄《よ》せる波《なみ》しぶきの中《なか》で、三度四度《さんどよんど》と合戦《かっせん》がくり広《ひろ》げられたのよ。

人間《にんげん》という生《い》き物《もの》の業《ごう》の深《ふか》さを、飛《と》び散《ち》る血《ち》や怒号《どごう》や馬《うま》のいななきを、わが硯《すずり》の小宇宙《しょううちゅう》の中《なか》で思《おも》い知《し》るばかりなり。

♠壇ノ浦《だんのうら》の合戦《かっせん》

・平安時代《へいあんじだい》の末期《まっき》に、現在《げんざい》の山口県下関市《やまぐちけんしものせきし》と福岡県北九州市門司区《ふくおかけんきたきゅうしゅうしもじく》との間《あいだ》にある関門《かんもん》海峡《かいきょう》でおこった戦《たたか》い。これで源氏方《げんじがた》が平家《へいけ》に完全勝利《かんぜんしょうり》し、安徳天皇《あんとくてんのう》とともに都《みやこ》を落《お》ちた清盛《きよもり》の一族《いちぞく》のほとんどが、滅《ほろ》びるか捕虜《ほりょ》になった。

♠赤間関《あかまがせき》の硯《すずり》

・赤間石《あかまいし》とよばれる石《いし》を材料《ざいりょう》に、赤間関《あかまがせき》（現在《げんざい》の下関市《しものせきし》）のブランド品《ひん》として広《ひろ》まった高級《こうきゅう》な硯《すずり》。江戸時代《えどじだい》には大変《たいへん》もてはやされ、毛利輝元《もうりてるもと》や吉田松陰《よしだしょういん》の遺愛《いあい》の品《しな》が残《のこ》る。

硯《すずり》の魂《たましい》

ざしきわらし

古《ふる》い屋敷《やしき》ん中《なか》で、ひとり遊《あそ》びさせといておくれ、声《こえ》なんかかけねぇで

おらが住《す》みついた家《いえ》にはお金《かね》がたまる。おらを見《み》た子《こ》は幸《しあわ》せになる。だけど、大人《おとな》にはおらは見《み》えない。見《み》えないけどいるんだってこと認《みと》めてくれて、見《み》えないけど大事《だいじ》に思《おも》ってくれてたら、おらはその人《ひと》のこと、好《す》き。その家《いえ》も好《す》き。ず～っといるよ。だけど、おかっぱ頭《あたま》で着物《きもの》を着《き》た子《こ》どもだって噂《うわさ》を聞《き》きつけて、おらのことをなにがなんでも見《み》つけ出《だ》そうとする大人《おとな》は嫌《きら》い。その家《いえ》、出《で》ていく。その家《いえ》、貧乏《びんぼう》になるよ。

おらは、南《みなみ》のほうにはまだ行《い》ったことがない。乗《の》り物《もの》には乗《の》れねぇもの。ず～っと東北地方《とうほくちほう》の古《ふる》い農家《のうか》や旅館《りょかん》を移《うつ》り住《す》んでる。枕投《まくらな》げはおもしれぇな。遠《とお》くに放《ほう》ると、人間《にんげん》はびっくらした顔《かお》をする。寝《ね》ちまった人間《にんげん》の布団《ふとん》の上《うえ》に座《すわ》り込《こ》むのもおもしれぇ。そのくらいのいたずらは、許《ゆる》しとくれ。

『遠野物語《とおのものがたり》』

・ざしきわらしを有名《ゆうめい》にしたのは、民俗学者《みんぞくがくしゃ》・柳田國男《やなぎたくにお》の『遠野物語《とおのものがたり》』。民話《みんわ》や伝説《でんせつ》を集《あつ》めていた佐々木喜善《ささききぜん》が語《かた》った岩手県遠野《いわてけんとおの》かいわいの言《い》い伝《つた》えを、柳田《やなぎた》が聞《き》き書《が》きしたものが元《もと》。佐々木自身《ささきじしん》も、ざしきわらしについての本《ほん》を書《か》いている。

神《かみ》として、精霊《せいれい》として

・ざしきわらしは、妖怪《ようかい》というよりも家《いえ》の守《まも》り神《がみ》。よその土地《とち》からやってきて、住《す》みついた家《いえ》のために力《ちから》を発揮《はっき》する精霊《せいれい》ともいえる。不幸《ふこう》な死《し》に方《かた》をした子《こ》どもの霊《れい》が、自分《じぶん》の生《う》まれた家《いえ》にとりついたのだとする考《かんが》えもある。

ざしきわらし

一《ひと》つ目《め》小《こ》僧《ぞう》

人間《にんげん》って、目《め》がふたつもついていながら、なに見《み》てるんだろうねぇ～

おいら、人間界《にんげんかい》じゃ一番人気《いちばんにんき》の妖怪《ようかい》なんだぜ。なにしろ姿《すがた》がかわいいし、やることもお茶目《ちゃめ》ないたずらが多《おお》くて憎《にく》めない、なあんていわれてさ。

でも、おいらが大好物《だいこうぶつ》の豆腐《とうふ》を持《も》って歩《ある》いてるところに出《で》くわした人間《にんげん》たちは、おらの一《ひと》つ目《め》を見《み》て、なんにもしてないのにギャーと失神《しっしん》しちゃうことがほとんどだ。失礼《しつれい》な話《はなし》だよね。顔《かお》の中《なか》に目《め》がふたつもあるなんてほうが、よっぽど気持《きも》ちわるいのにさ。いったい人間《にんげん》たちの、あの右《みぎ》と左《ひだり》の目《め》は、どんなちがった役目《やくめ》をしてるんだい？

そうそう、さっき豆腐《とうふ》が大好物《だいこうぶつ》っていったけど、もともとは「豆粒《まめつぶ》」でできてる豆腐《とうふ》は妖怪界《ようかいかい》のタブー語《ご》「魔滅《まめつ》」を連想《れんそう》させるんで大嫌《だいきら》いだったんだ。けど、いつのまにか「嫌《きら》い嫌《きら》いは好《す》きの内《うち》」になっちゃった。豆腐《とうふ》だけじゃないよ。白《しろ》くてふにゃりとしたもんをぺろりんとなめるのは、おいらの楽《たの》しみ。君《きみ》のお顔《かお》もなめちゃおうかなぁ。

♠おちぶれた神《かみ》さま

・柳田國男《やなぎたくにお》の『一目小僧《ひとつめこぞう》その他《た》』という書物《しょもつ》によると、一《ひと》つ目《め》小僧《こぞう》は、もともと猟師《りょうし》や木《き》こりが敬《うやま》っていた山《やま》の神《かみ》だったが、信仰《しんこう》がうすれ、妖怪《ようかい》とみなされるようになったという。鍛冶《かじ》（鉄《てつ》を鍛《きた》えて刀剣《とうけん》やおのをつくる仕事《しごと》）をつかさどるアメノマヒトツノカミと関係《かんけい》があるという説《せつ》もある。

・旧暦《きゅうれき》の2月《がつ》8日《か》と12月《がつ》8日《か》を「事八日《ことようか》」といい、一《ひと》つ目《め》小僧《こぞう》が帳面《ちょうめん》をもって人《ひと》びとの欠点《けってん》や落《お》ち度《ど》をチェックするとか、みかりばばあとともに山《やま》から出《で》てくるなどといって、さまざまな魔《ま》よけのまじないをする地方《ちほう》もある。

一《ひと》つ目《め》小僧《こぞう》

4章《しょう》

トンガリ&《アンド》カクバリ系《けい》

妖怪《ようかい》のこわさを姿《すがた》かたちでいちばんわかりやすく示《しめ》してくれるのが、ここに登場《とうじょう》するメンバーたちです。でも、テレビやアニメの影響《えいきょう》で、どんな妖怪《ようかい》にも身近《みぢか》なキャラとしてなじんでいるわたしたちからすれば、トンガリ・カクバリも、こわいどころか、逆《ぎゃく》におもしろくさえ感《かん》じます。でも、のん気《き》に笑《わら》っていてよいものでしょうか。彼《かれ》らのトンガリ、カクバリのすみずみまで、人間《にんげん》のおろかさやそまつな扱《あつか》いにたいする怒《いか》り・うらみ・つらみなどがぎゅっと詰《つ》めこまれているのですから。

シルエットクイズ4 わたしはだれ？（答《こた》えは94、95ページ）

③

化《ば》けるのもリッパなリサイクル

①

プライドの高《たか》さが鼻《はな》に出《で》る

④

こよいも刃《やいば》が血《ち》にうえる

②

むかしばなしじゃ、いつも悪役《あくやく》

天《てん》狗《ぐ》

妖怪一《ようかいいち》の高慢《こうまん》セレブ

吾輩《わがはい》は大天狗《だいてんぐ》である。吾輩《わがはい》のように「大《だい》」がつく者《もの》は、もとは帝《みかど》であったり、位《くらい》の高《たか》い坊《ぼう》さんであったりするぞ。妖怪世界《ようかいせかい》のセレブじゃ。高慢《こうまん》だから鼻《はな》も高々《たかだか》。各地《かくち》の山《やま》にボスがおる。京《きょう》の鞍馬山《くらまやま》におる僧正坊《そうじょうぼう》どのをご存知《ぞんじ》か。牛《うし》若丸《わかまる》に剣術《けんじゅつ》をさずけたそうな。

われわれには、神《かみ》や仏《ほとけ》も手《て》こずるほどの魔力《まりょく》があってな。世《よ》の中《なか》にいさかいをおこしたり災害《さいがい》をもたらしたりするのが「生《い》きがい」じゃ。だからまぁ、われわれのことは神《かみ》として祀《まつ》りあげておくのが賢明《けんめい》というもんだの。

手下《てした》には、子《こ》どもを誘拐《ゆうかい》する手合《てあ》いがおる。世《よ》の人《ひと》はこれを、神隠《かみかく》しというそうな。言《い》いわけがましいが、きちんと元《もと》いた場所《ばしょ》に返《かえ》すよう勧《すす》めてはおる。

ところで、われわれを、ピノキオとかいう木《き》の人形《にんぎょう》とまちがえる者《もの》には、喝《か》ぁあーっ!!

牛若丸《うしわかまる》

・源《みなもとの》義経《よしつね》の幼名《ようみょう》。成長《せいちょう》して兄《あに》の頼朝《よりとも》と対面《たいめん》し、源《みなもとの》義仲《よしなか》や、さらに都落《みやこお》ちした平氏《へいし》を追《お》いつめるのに大活躍《だいかつやく》した。しかし、のちに頼朝《よりとも》にうとまれ、現在《げんざい》の岩手県《いわてけん》にある平《ひら》泉《いずみ》で滅《ほろ》ぼされる。悲劇《ひげき》の英雄《えいゆう》として後世《こうせい》の人《ひと》びとに愛《あい》された。

天狗《てんぐ》になる

・仏教《ぶっきょう》では、ハンパに悟《さと》ってうぬぼれる心《こころ》を「増上慢《ぞうじょうまん》」といい、そのような心《こころ》を持《も》った人《ひと》は天狗《てんぐ》になるとされた。そこで、得意気《とくいげ》で鼻高々《はなたかだか》な人《ひと》のありさまを「天狗《てんぐ》になる」というようになった。

天狗
てんぐ

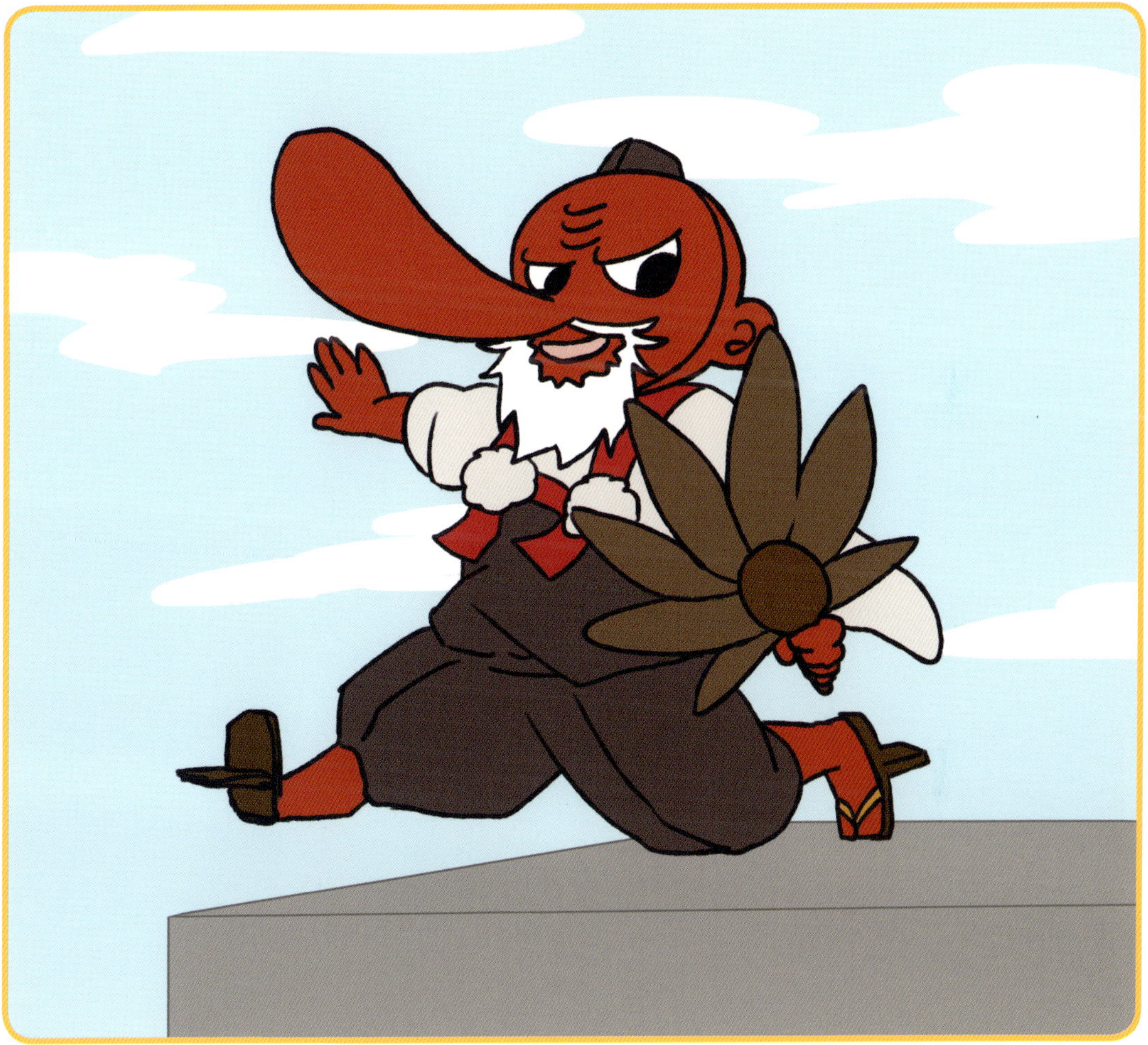

かまいたち

目《め》にもとまらぬ爪《つめ》さばき、シュワッ

おれっち、ぐずぐずネチネチが大嫌《だいきら》い。なんでも一瞬《いっしゅん》の勝負《しょうぶ》にかけるのさ。さむ〜い冬空《ふゆぞら》の中《なか》、北風《きたかぜ》に乗《の》って一気《いっき》に獲物《えもの》を切《き》りつける。でも、切《き》りつけた相手《あいて》っていうのはみんな、ノロちんの、ニブちん。おれっちが切《き》りつけて立《た》ち去《さ》ったずいぶんあとになって「あれぇ？　いまなんかあったっけ？　あれれ、切《き》れて血《ち》が出《で》てるぅ。痛《いた》〜い」なんて具合《ぐあい》だから、いたずらの甲斐《かい》がない。気《き》づいたころにはおれっち、とっくの昔《むかし》にいなくなってるわけだもんな。

だから、サッと押《お》し倒《たお》してすっ転《ころ》ばせ、サッと切《き》り裂《さ》いて、サッと見《み》えない薬《くすり》をぬってく、なんて早業《はやわざ》をやっちまったりもするんだ。でもおれっちの親《しん》せき筋《すじ》には、「それじゃ、かえっておらたちの仕業《しわざ》だと気《き》づかないまんまでつまんない」っていって、骨《ほね》のあたりまで傷口広《きずぐちひろ》げておいて、しばらくたってから大出血《だいしゅっけつ》させるなんてぇのも、いるにはいるね。

最後《さいご》にいっとくけど、おれっちは鎌《かま》を持《も》ったイタチなんかじゃないからね。翼《つばさ》を持《も》つ、れっきとした妖怪《ようかい》だかんね！

ほんとうの姿《すがた》かたちは？

・中国《ちゅうごく》の伝説《でんせつ》にある、水牛《すいぎゅう》のような怪獣《かいじゅう》や、風《かぜ》に乗《の》って飛《と》ぶケックツ（風狸《ふうり》ともいう）という中国《ちゅうごく》の獣《けもの》を、カマイタチとする書物《しょもつ》もある。

・日本《にほん》では、目《め》に見《み》えないものとする資料《しりょう》も多《おお》く、鎌《かま》を持《も》つイタチの姿《すがた》は、江戸時代中《えどじだいちゅう》期《き》の画家《がか》、鳥山石燕《とりやませきえん》の絵《え》から広《ひろ》まったイメージ。

かまいたち

鬼《おに》

地獄《じごく》に常駐《じょうちゅう》。時々《ときどき》、地上《ちじょう》に出《で》かせぎ

オレたちのことは、絵本《えほん》やアニメ、CM《シーエム》でご存知《ぞんじ》だよナ？　イラストレーターは赤《あか》だの青《あお》だのと色《いろ》わけしてオレたちの体《からだ》をぬりたくるが、信号機《しんごうき》じゃねぇんだゼ。悪《わる》いモノの代表《だいひょう》として、オレたちが入《はい》ってくる東北《とうほく》の方角《ほうがく》は「鬼門《きもん》」といってな、十二支《じゅうにし》での「丑寅《うしとら》」にあたるから、牛《うし》の角《つの》と虎《とら》の毛皮《けがわ》の腰巻《こしまき》が、オレたちには付《つ》きものだァ。するどい牙《きば》やムッキムキの体《からだ》も自慢《じまん》だゼ。

人間界《にんげんかい》にゃ、神仏《しんぶつ》の加護《かご》を受《う》けてる強《つえ》ェやつが時々《ときどき》いて困《こま》るゼ。とくに桃太郎《ももたろう》や源 頼光《みなもとのよりみつ》ってやつには、仲間《なかま》がずいぶんやられちまった。一寸法師《いっすんぼうし》ってぇのも、ちっちぇえからってナメてかかってひどいめにあった、って聞《き》いてる。オレたち、地上《ちじょう》じゃ肩身《かたみ》がせまい。やっぱ地獄《じごく》の大暴《おおあば》れが似合《にあ》ってらぁナ。

悪《わる》いコトすると地獄《じごく》へおちるゼ。手《て》ぐすねひいて待《ま》ってっから、こわいなら気《き》をつけなヨ。

鬼《おに》のイメージ

・姿《すがた》が見《み》えない、または正体不明《しょうたいふめい》の存在《そんざい》だった鬼《もの》が、姿《すがた》をあらわして昔話《むかしばなし》の絵本《えほん》などで見《み》る鬼《おに》のイメージになったのは、陰陽道《おんみょうどう》や仏教《ぶっきょう》の影響《えいきょう》。奈良《なら》の古《ふる》い仏像群《ぶつぞうぐん》にまじる邪鬼《じゃき》・天灯鬼《てんとうき》・竜灯鬼《りゅうとうき》の像《ぞう》に、現在《げんざい》の鬼《おに》のイメージの原型《げんけい》が見《み》られる。

鬼《おに》は外《そと》、福《ふく》は内《うち》

・宮中《きゅうちゅう》で「方相氏《ほうそうし》」というこわい顔《かお》の面《めん》をつけた役《やく》が鬼《おに》を追《お》う、大晦日《おおみそか》の「追儺《ついな》」の儀式《ぎしき》があった。いつしか方相氏《ほうそうし》が鬼《おに》となり、室町時代《むろまちじだい》中《なか》ごろに儀式自体《ぎしきじたい》がすたれた代《か》わりに、いまの節分《せつぶん》の「鬼《おに》やらい」がさかんになった。ただし、節分《せつぶん》にわざわざ鬼《おに》を迎《むか》えるところもある。

鬼《おに》

からかさ小僧《こぞう》（からかさお化《ば》け）

心《こころ》が開《ひら》けないんだよねぇ

なんだかんだいって、あっしは和傘《わがさ》にゃぁちげえねぇんです。この世《よ》に傘《かさ》として生《う》まれて以来《いらい》、雨風《あめかぜ》しのぐためお役《やく》に立《た》てばと、この身《み》を張《は》って、いやこの竹骨《たけぼね》を張《は》って、すごして参《まい》りやした。戒律《かいりつ》を破《やぶ》って寺《てら》から追放《ついほう》されるお坊《ぼう》さんだって、あっし1本《ぽん》だけは持《も》つことを許《ゆる》されたっていうくらい、人間《にんげん》との縁《えん》は深《ふこ》うござんす。

けれどね、長《なが》～く時《とき》を経《へ》たこの身《み》は、いやこの竹骨《たけぼね》は、ここんところ閉《と》じられっぱなし。もうバリバリと音《おと》を立《た》てて粋《いき》な傘《かさ》の花《はな》を咲《さ》かすことはできねぇ。この無念《むねん》さわびしさのやり場《ば》がねぇ。それで妖怪《ようかい》になってあちこちさまよってるってぇわけでさ。

そんなもんで、手《て》を2本出《ほんだ》してみたりみなかったり、目《め》ん玉《たま》ひとつつけてみたりみなかったり、ベロ出《だ》してみたりみなかったり、そりゃぜぇんぶ、退屈《たいくつ》しのぎの気《き》まぐれでさぁ。

からかさ

・からかさの「から」は、開閉《かいへい》する「からくり」から来《き》たとか、傘《かさ》を伝《つた》えた中国《ちゅうごく》＝唐《から》から来《き》たなどの説《せつ》があるが、あくまでも和傘《わがさ》。鎌倉時代《かまくらじだい》には、開《ひら》いたり閉《と》じたりできる傘《かさ》が使《つか》われはじめ、室町時代《むろまちじだい》には防水加工《ぼうすいかこう》した紙《かみ》を骨《ほね》に貼《は》る傘《かさ》もできた。

からかさお化《ば》けは2本足《ほんあし》だった

・京都《きょうと》の大徳寺真珠庵《だいとくじしんじゅあん》にある「百鬼夜行絵巻《ひゃっきやこうえまき》」に、からかさをかぶって2本足《ほんあし》で歩《ある》く、2つ目玉《めだま》のお化《ば》けが見《み》える。狩野友甫《かのうゆうほ》の「百鬼夜行図巻《ひゃっきやこうずかん》」では2本足《ほんあし》・1つ目《め》。

からかさ小僧《こぞう》（からかさお化《ば》け）

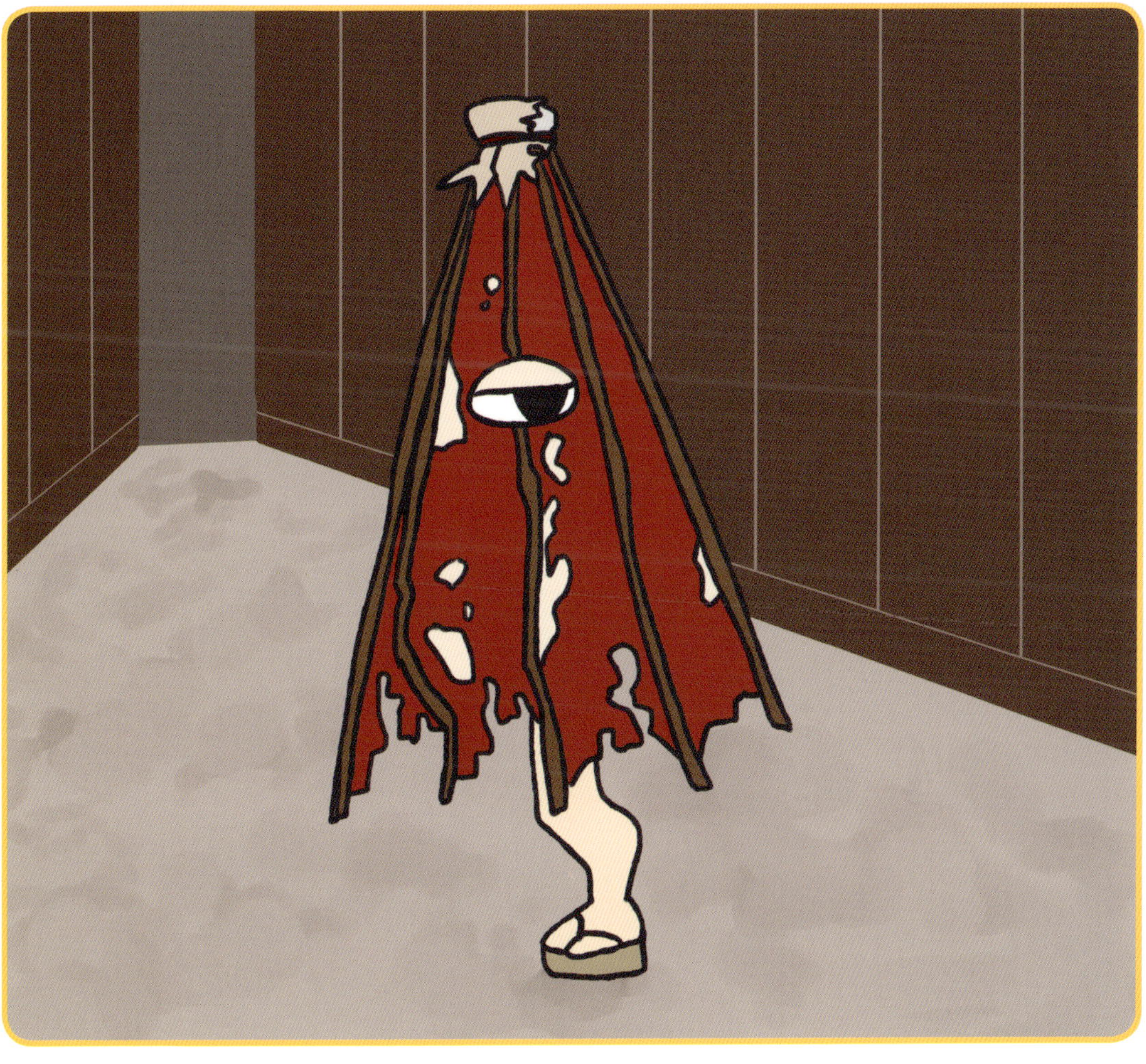

髪《かみ》切《き》り

命《いのち》の先端《せんたん》を切《き》り落《お》とす

人間《にんげん》の女《おんな》の、長《なが》くて黒《くろ》い髪《かみ》の毛《け》の根元《ねもと》を、ジョッキーンと切《き》るときにおれの手《て》に響《ひび》くぞわんとした感触《かんしょく》が、たまんないんだよね。切《き》られた女《おんな》は、キャ～とかひえぇぇぇとか金切《かなき》り声《ごえ》をあげるんだけど、切《き》られた髪《かみ》の毛《け》のほうはドサリと床《ゆか》に落《お》ちたっきり、だんまりをきめこんでやがる。このギャップがたまんないね。おれの牙《きば》はカミソリ仕立《じた》てで、手《て》はハサミ。これぞと思《おも》った髪《かみ》の毛《け》に跳《と》びついて、カミソリとハサミを素早《すばや》く使《つか》い分《わ》けする。

そもそもさぁ、おれには髪《かみ》の毛《け》ないからわからないんだが、髪《かみ》の毛《け》って、皮《ひ》膚《ふ》の一部《いちぶ》なんじゃないのか？　なのになんでおれに切《き》られても痛《いた》くないんだい？　なんで血《ち》が出《で》ないんだい？　わかんないことだらけで、切《き》ればぞくぞくするし、あぁ、このいたずらはやめられないね。

おっと、おれカミキリムシなんかじゃねぇよ。おれ、ミカンやキンカンの樹《き》の皮《かわ》なんか食《た》べねぇもん。おれが食《た》べるの、人間《にんげん》の女《おんな》の髪《かみ》の毛《け》だけ。

♠女《おんな》の子《こ》の敵《かたき》、その姿《すがた》は？

・室町時代《むろまちじだい》から、妖《あや》しいものに髪《かみ》を切《き》られた被害者《ひがいしゃ》には女性《じょせい》が目立《めだ》つ。江戸時代《えどじだい》には、嫁《よめ》にいきたくない女《おんな》の子《こ》が、お化《ば》けのせいだといつわって、自分《じぶん》で切《き》ってしまった例《れい》もあったが、ナゾの髪切《かみき》りは狐《きつね》のいたずらだとも考《かんが》えられていた。昆虫《こんちゅう》のカミキリムシは名前《なまえ》が怪《あや》しいが、無罪《むざい》。

・狩野洞雲《かのうとううん》の「百鬼夜行図《ひゃっきやこうず》」に出《で》る、ペリカンみたいな頭《あたま》とハサミとを持《も》つ人間型妖怪《にんげんがたようかい》が、ほかの妖怪絵巻《ようかいえまき》で髪切《かみき》りと名《な》づけられ、イメージが定《さだ》まった。

髪《かみ》切《き》り

つくも神《がみ》

100年《ねん》以上《いじょう》使《つか》われて、捨《す》てられたまんまでいるものか

わしら「つくも神《がみ》集団《しゅうだん》」は、みんな最初《さいしょ》から古道具《ふるどうぐ》だったわけではない。人間《にんげん》の仕事《しごと》がはかどるように、おとなしくまじめ一方《いっぽう》に働《はたら》いてきて、気《き》がつけば長《なが》～い歳月《さいげつ》が流《なが》れたわけよ。にもかかわらず今《いま》さら「古《ふる》びたやつ」などと疎《うと》んじられて、捨《す》て置《お》かれたまんまになるほどわしら腰《こし》ぬけじゃあない。

わしは茶簞笥《ちゃだんす》のつくも神《がみ》。おんなじ農家《のうか》の蔵《くら》の隅《すみ》っこに、土瓶《どびん》のつくも神《がみ》も座机《すわりづくえ》のつくも神《がみ》も手桶《ておけ》のつくも神《がみ》も、隠《かく》れ住《す》んでいる。ここの主人《しゅじん》が、今年《ことし》のはじめに99年目《ねんめ》のすす払《はら》いじゃと言《い》うて、わしら家《いえ》の中《なか》の馴染《なじ》んだ道具類《どうぐるい》を、いっさいがっさい路地《ろじ》に放《ほう》り捨《す》ててしもうた。これにゃあ、わしらも我慢《がまん》ならんと、主人《しゅじん》を懲《こ》らしめる算段《さんだん》をしているところよ。畳《たたみ》の間《ま》に上《あ》がりこんでどんちゃんさわぎをしてやろうか、風呂場《ふろば》の湯《ゆ》を飛《と》び散《ち》らせてやろうかなどとな。

願《ねが》わくば、主人《しゅじん》にわしらの存在《そんざい》を思《おも》いだしてもろうて、あぁ粗末《そまつ》にしてすまなんだ、いままでありがとうと、言《い》うてもらいたいんじゃがのお。

つくも神《がみ》のルーツ

・器物《きぶつ》の妖怪《ようかい》の絵《え》は、鎌倉時代《かまくらじだい》の『土蜘蛛草紙《つちぐもぞうし》』に見《み》られる。その後《ご》、室町時代《むろまちじだい》になると、題《だい》に「付喪神《つくもがみ》」の語《ご》がある絵巻物《えまきもの》がつくられ、さまざまな器物《きぶつ》が年《とし》をへて化《ば》けたものをつくも神《がみ》と呼《よ》ぶようになった。『不動利益縁起《ふどうりやくえんぎ》』にも、安倍晴明《あべのせいめい》に祈《いの》り伏《ふ》せられる器物《きぶつ》の妖怪《ようかい》が描《えが》かれる。

物《もの》を大切《たいせつ》にせよ

・つくも神誕生《がみたんじょう》の背景《はいけい》には、「物《もの》や道具《どうぐ》は大切《たいせつ》に。魂《たましい》はすべてのものに宿《やど》る」という、昔《むかし》からの日本人《にほんじん》の考《かんが》えがある。ハサミや人形《にんぎょう》を供養《くよう》する行事《ぎょうじ》も、同《おな》じ考《かんが》えに基《もと》づく。

つくも神《がみ》

ぬりかべ

見《み》えんもんにおびえてないで、食《た》べる物《もの》しゃんと食《た》べればよか

大分県臼杵市《おおいたけんうすきし》の生《う》まれだぁ。ここはしっくい壁《かべ》の職人《しょくにん》さんもいっぱいいて、水《みず》をはじき返《かえ》す油漆喰《あぶらしっくい》の壁塗《かべぬ》りも生《う》まれた土地《とち》じゃから、どんなもんも通《とお》しゃせんというがんこさが、わしの性格《せいかく》によう合《お》うとった。ほんでもなぁ、巨大《きょだい》なわしの姿《すがた》が見《み》えんで恐《おそ》ろしか言《ゆ》うんは、自分《じぶん》ら人間《にんげん》が、玄米食《げんまいしょく》やめて白米《はくまい》ばかりを喜《よろこ》んで食《た》べるようになったことにも原因《げんいん》があると、わしゃあ思《おも》うで。夜盲症《やもうしょう》、つまりはビタミンAの不足《ふそく》。

そこいくと、わしらの体《からだ》は、消石灰《しょうせっかい》に砂《すな》と糊《のり》、おまけに麻《あさ》などの繊維質《せんいしつ》もたっぷりふくまれていて、妖怪《ようかい》としちゃぁ、健康《けんこう》そのもの。視力《しりょく》もバツグン。夜道《よみち》でにらみを利《き》かせるのには、もってこいじゃ。

夜道《よみち》でわしに出会《であ》ったら、まずはあわてふためかず、大人《おとな》ならタバコの1本《ぽん》もくゆらせてから、下《した》のほうを棒《ぼう》ではらってみるがいい。おっと、道端《みちばた》での喫《きっ》煙《えん》は、いまはご法度《はっと》か。人間《にんげん》たちも苦労《くろう》するのぉ。

ぬりかえられたイメージ

・福岡県《ふくおかけん》に伝《つた》わるぬりかべは、物《もの》の見分《みわ》けがつかない夜道《よみち》に立《た》ちふさがる壁《かべ》。大分県《おおいたけん》のぬりかべは、狸《たぬき》が体《からだ》の一部《いちぶ》を広《ひろ》げてつくるといわれていた。手足《てあし》や目《め》がついたイメージが広《ひろ》まったのは、水木《みずき》しげるのマンガに描《えが》かれて以降《いこう》。

・アメリカの大学《だいがく》に所蔵《しょぞう》されている絵巻《えまき》の中《なか》に「ぬりかべ」という妖怪《ようかい》が登場《とうじょう》するが、その姿《すがた》は、3つ目《め》の丸々《まるまる》と肥《こ》えた垂《た》れ耳《みみ》の犬《いぬ》のように描《えが》かれている。

ぬりかべ

目目連《もくもくれん》

目玉《めだま》が2個《こ》セットだなんて大《おお》まちがい

　おいら夜《よる》になると、古《ふる》〜い障子《しょうじ》の桟《さん》と桟《さん》との間《あいだ》に浮《う》かび上《あ》がるのが仕事《しごと》です。おいらのひいじっちゃまたちは、囲碁《いご》の棋士《きし》の勝負《しょうぶ》にかける一念《いちねん》が碁盤《ごばん》にとりついたところから生《う》まれ、思《おも》いが碁盤《ごばん》いっぱいに広《ひろ》がってどんどん増《ぞう》殖《しょく》していったらしいよ。とうとう碁盤《ごばん》に入《はい》りきれなくなり、家中《いえじゅう》に拡散《かくさん》していって、結局《けっきょく》いちばん居心地《いごこち》がいい障子《しょうじ》に納《おさ》まるようになったんだって。おいらたちは、月《つき》の光《ひかり》を受《う》けてぼんやりした黒《くろ》い点々《てんてん》になって然《しか》るべきところを、一途《いちず》に真実《しんじつ》を見通《みとお》そうとする意志《いし》のかたまりで、ぎろりと自《みずか》ら光《ひか》るんだぜ。

　おいらの目玉《めだま》が49個《こ》のときは、49それぞれの一念《いちねん》、99個《こ》のときは99の一念《いちねん》が人間《にんげん》どもをとらえるんだ。ごまかして逃《に》げようったって、そうはさせねぇよ。

　そうだ、障子《しょうじ》でなくても、たとえば「目《め》」っていう字《じ》をじ〜っとながめてみなよ。ほうら、おいらが浮《う》かびあがってこないかい？

囲碁《いご》

・対戦者同士《たいせんしゃどうし》が碁盤《ごばん》に白黒《しろくろ》の碁石《ごいし》を置《お》いていき、自分《じぶん》の色《いろ》の石《いし》でとった陣地《じんち》の広《ひろ》さを競《きそ》うゲーム。奈良時代《ならじだい》には中国《ちゅうごく》から伝《つた》わっていた。囲碁《いご》を打《う》つのを職業《しょくぎょう》とする人《ひと》のことを「碁打《ごう》ち」、または将棋《しょうぎ》の場合《ばあい》と同《おな》じく「棋士《きし》」という。

囲碁《いご》にからめた名前《なまえ》

・囲碁《いご》が、一目《いちもく》、二目《にもく》と石《いし》を連《つら》ねて陣地《じんち》をとることにからめた妖怪《ようかい》の名《な》が目目連《もくもくれん》だが、「一目連《いちもくれん》」という名《な》の神《かみ》さまもいる。

・釈迦《しゃか》の弟子《でし》の目連《もくれん》は、地獄《じごく》まで見通《みとお》す天眼《てんげん》をもつとされた。一方《いっぽう》、妖怪《ようかい》の目目連《もくもくれん》の目《め》は、いくら多《おお》くても、心《こころ》の迷《まよ》いのためにくもっている。

目目連
もくもくれん

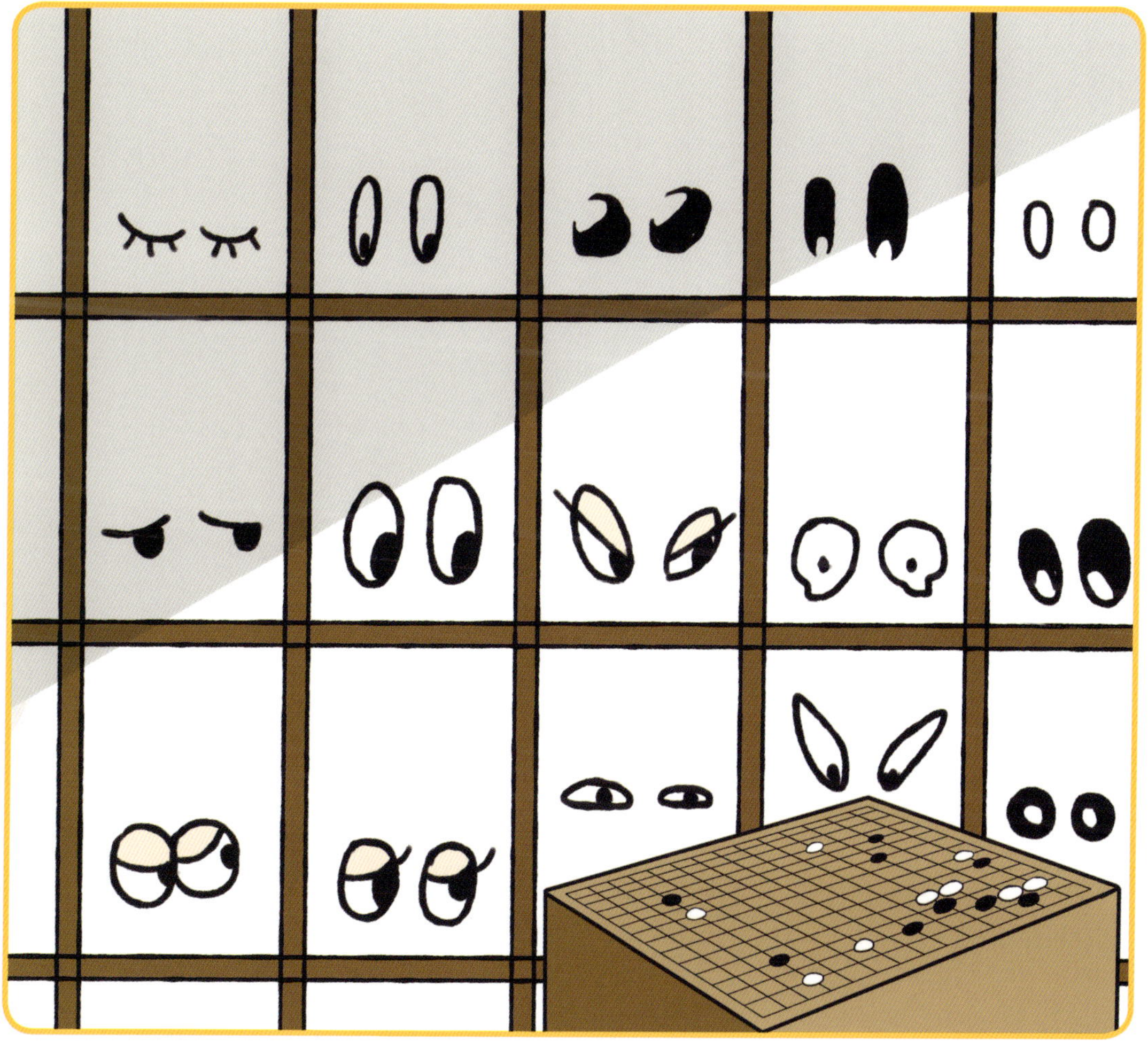

殺生石《せっしょうせき》

岩《いわ》になっても、毒《どく》を吐《は》き続《つづ》けるわ

いまでこそ、栃木県那須《とちぎけんなす》の河原《かわら》にじっと居座《いすわ》り、周囲《しゅうい》に手下《てした》の溶岩《ようがん》たちを侍《はべ》らせてぶすぶすと硫化水素《りゅうかすいそ》ガスを吐《は》き続《つづ》けているけどさ、昔《むかし》は国《くに》を越《こ》えてずいぶんな謀《はかりごと》をしてきたものよ。もともとは金色《きんいろ》の毛並《けな》みが光《ひか》る九尾《きゅうび》のキツネ。美《うつく》しさを武器《ぶき》に中国《ちゅうごく》でもインドでも王《おう》をたぶらかして悪行三昧《あくぎょうざんまい》。その後《ご》日本《にほん》に渡《わた》って、鳥羽院《とばいん》に取《と》り入《い》って権勢《けんせい》をほしいままにしようとしたんだけど、おのれ憎《にく》きは那須《なす》の領主《りょうしゅ》、須藤権守貞信《すどうごんのかみさだのぶ》。不覚《ふかく》にも射殺《いころ》されちゃった。くやしーい！　このままおとなしく散《ち》っちゃうもんか。この一心《いっしん》で毒石《どくいし》に姿《すがた》を変《か》えたのよ。あたしを鎮《しず》めようといろんな僧侶《そうりょ》がやってきたけど、そんなの大《おお》きなお世話《せわ》。あたしに近《ちか》づく者《もの》はどこまでも祟《たた》ってやる。永《なが》く怨《うら》み続《つづ》けたせいで、ちょっと気力《きりょく》が衰《おとろ》えてたのかしら。源翁和尚《げんのうおしょう》の説教《せっきょう》に、ほんの少《すこ》し心《こころ》を動《うご》かしちゃったのよね。それであたしの勢《いきお》い半減《はんげん》しちゃった。いけないいけない。仏心《ほとけごころ》なんてあたしの大敵《たいてき》。まだまだかんたんに他人《たにん》を近《ちか》づけさせたりはしないわよ！

♠松尾芭蕉《まつおばしょう》（江戸時代《えどじだい》の俳人《はいじん》）も見物《けんぶつ》した

・芭蕉《ばしょう》は紀行文《きこうぶん》『奥《おく》の細道《ほそみち》』の中《なか》で、現在《げんざい》の栃木県那須湯本《とちぎけんなすゆもと》の殺生石《せっしょうせき》を見《み》たことに触《ふ》れ、「石《いし》の香《か》や　夏草赤《なつくさあか》く　露《つゆ》あつし」という句《く》も詠《よ》んでいる。石《いし》からの毒気《どくけ》で死《し》んだ蜂《はち》や蝶《ちょう》が、地面《じめん》を覆《おお》いかくすほどだったと記《しる》している。

・芭蕉《ばしょう》は、現在《げんざい》の大田原市《おおたわらし》で、九尾《きゅうび》の狐退治《きつねたいじ》にまつわる犬追物《いぬおうもの》の跡《あと》や玉藻稲荷神社《たまもいなりじんじゃ》も見物《けんぶつ》している。

殺生石
せっしょうせき

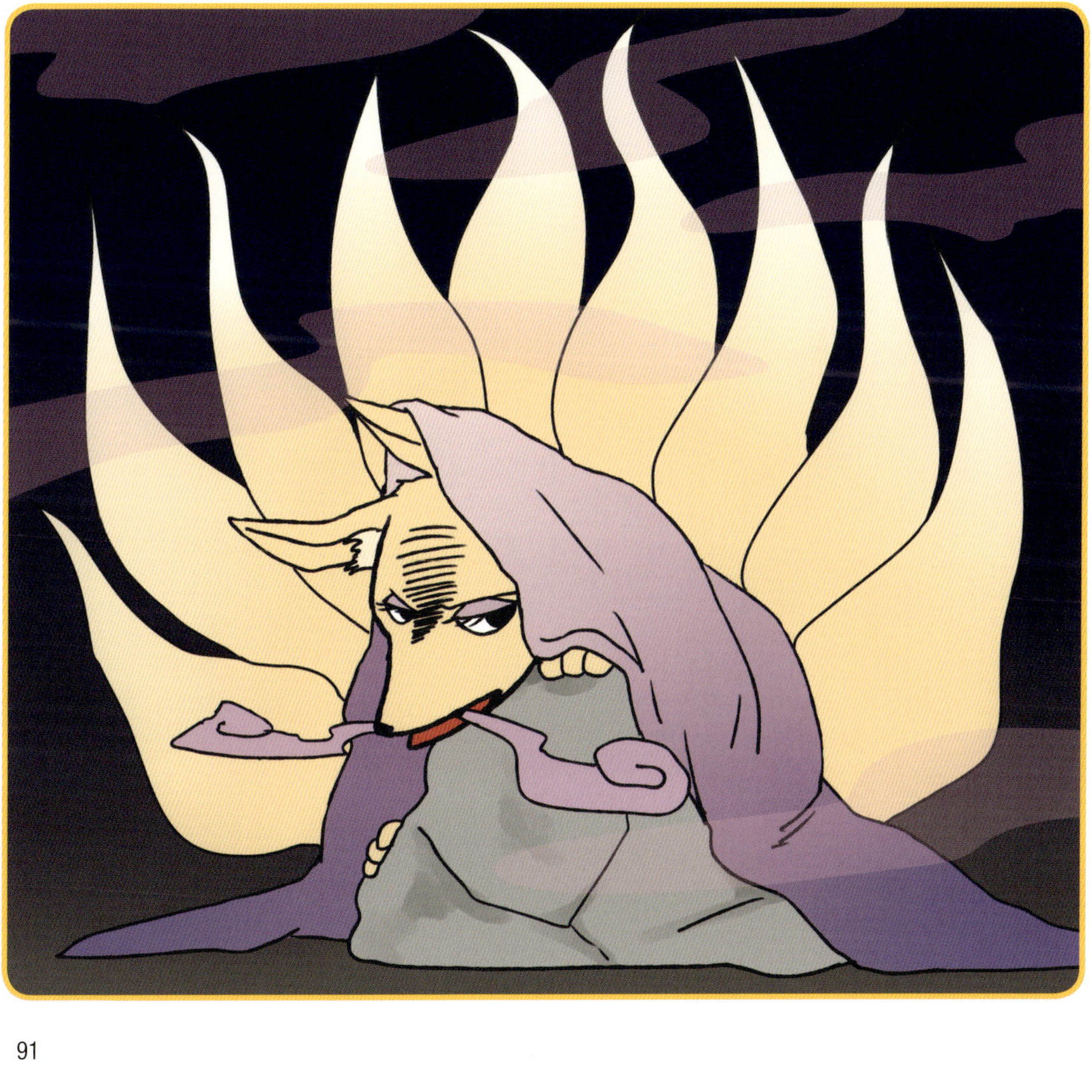

笈《おい》の化《ば》け物《もの》

背負《せお》われる者《もの》の身《み》にもなってみろぃ！

　わたくしの姿《すがた》をランドセルみたいだと笑《わら》う諸君《しょくん》に、「笈《おい》」というものがなにかを教《おし》えてやらねばな。山伏《やまぶし》や修行《しゅぎょう》する坊《ぼう》さんが仏具《ぶつぐ》や衣食《いしょく》を運《はこ》ぶ道具《どうぐ》で、4つの脚《あし》がついたものよ。わたくしは、そのうちふたつが鷹《たか》の脚《あし》になっておるから歩行《ほこう》がかなうのだ。まっ青《さお》な、恐《おそ》ろしい表情《ひょうじょう》の顔《かお》を見《み》てみよ。刀《かたな》のきっさきをくわえ、炎《ほのお》がメラメラと燃《も》えさかっておろう。これは足利直義《あしかがただよし》への、消《け》せない怨《うら》みの火《ひ》だ。

　わたくしの正体《しょうたい》は、直義《ただよし》によって冷《つめ》たい土牢《つちろう》にとじこめられ、やつの部下《ぶか》に殺《ころ》された護良親王《もりよししんのう》よ。後醍醐天皇《ごだいごてんのう》の皇子《おうじ》のうち、いちばんのカリスマ的《てき》武闘《ぶとう》派《は》だ。そんな高貴《こうき》なわたくしの魂《たましい》がとる姿《すがた》にしてはショボイと、まだ笑《わら》っておるのか？　笈《おい》にとりつく物《もの》の怪《け》におちぶれたわたくしの、歴史《れきし》のやみに葬《ほうむ》られた哀《かな》しみを想《おも》えば、笑《わら》ってなどおられぬはずだがの。

足利直義《あしかがただよし》

・室町幕府《むろまちばくふ》を開《ひら》いた足利尊氏《あしかがたかうじ》の弟《おとうと》で、兄《あに》の天下取《てんかと》りを助《たす》けた。幕府《ばくふ》では副将軍格《ふくしょうぐんかく》として、訴《うった》えごとの処理《しょり》をはじめ、重要《じゅうよう》な政務《せいむ》を担《にな》った。

大塔宮護良親王《おおとうのみやもりよししんのう》の死《し》

・征夷大将軍《せいいたいしょうぐん》となったが、父《ちち》の後醍醐天皇《ごだいごてんのう》や義母《ぎぼ》にうとまれて失脚《しっきゃく》させられ、鎌倉《かまくら》にいた足利直義《あしかがただよし》の監視下《かんしか》に入《はい》った人物《じんぶつ》。鎌倉《かまくら》が北条時行《ほうじょうときゆき》の軍《ぐん》に攻《せ》められたとき、直義《ただよし》は親《しん》王《のう》を敵《てき》にうばわれて利用《りよう》されるのを恐《おそ》れ、部下《ぶか》に暗殺《あんさつ》させてしまった。

笈《おい》の化《ば》け物《もの》

キャラクターランド

シルエットクイズの答《こた》え

●シルエットクイズ1の答《こた》え　①人魚《にんぎょ》　②逆《さか》さ首《くび》　③河童《かっぱ》　④竜《りゅう》

●シルエットクイズ2の答《こた》え　①ろくろ首《くび》　②いったんもめん　③のっぺらぼう　④のづち

●シルエットクイズ3の答《こた》え　①ダイダラボッチ　②赤《あか》えい　③目《め》くらべ　④お菊虫《きくむし》

●シルエットクイズ4の答《こた》え　①天狗《てんぐ》　②鬼《おに》　③からかさ小僧《こぞう》　④かまいたち

原案——**倉本　昭**　くらもとあきら

大阪生まれ。梅光学院大学教授。江戸時代のファンタジー小説を研究するほか、地元下関の文化の教育や啓蒙活動もしている。著書に『俳諧から俳句へ』『源氏物語の愉しみ』『金子みすゞ再発見』（いずれも共著）など。お化けの講義が学生を集めている。

文——**村中李衣**　むらなかりえ

山口県生まれ。児童文学作家、ノートルダム清心女子大学教授。著書に『小さいベッド』『おねいちゃん』『チャーシューの月』『なんかへンだを手紙で伝える』『子どもと絵本をよみあう』など。物語と人との出会いを求めて、北から南までどこへでも、ふぅらふらぁ～ 。

絵——**日本大学芸術学部デザイン学科**

土屋真由（1章）
宇佐美涼美（2章）
橋本里奈（3章）
岩舘朱理（4章）

装丁：中浜小織（annes studio）
協力：河尻理華

編集・制作：株式会社本作り空Sola

日本文化《にほんぶんか》キャラクター図鑑《ずかん》

妖怪《ようかい》　異界《いかい》からのことづて!

2016年6月25日　初版第1刷発行

原　案——倉本　昭
文——村中李衣
絵——日本大学芸術学部デザイン学科
発行者——小原芳明
発行所——玉川大学出版部
〒194-8610　東京都町田市玉川学園6-1-1
TEL 042-739-8935　FAX 042-739-8940
http://www.tamagawa.jp/up/
振替：00180-7-26665
編集：森 貴志

印刷・製本——図書印刷株式会社

ISBN978-4-472-05951-3 C8039 / NDC388